TEST YOUR KNO
IRISH RUGBY PLAYERS

IRISH RUGBY WORDSEARCH PUZZLES

80 WORDSEARCH PUZZLES
800 NAMES TO FIND

COPYRIGHT © 2021 BY FYNE EDITIONS

IRISH RUGBY WORDSEARCH PUZZLES

5 PUZZLES
TOP TRY SCORERS
TOP POINTS SCORERS
MOST APPEARANCES AS CAPTAIN
YOUNGEST PLAYER EVER
OLDEST PLAYER EVER

The players names below each puzzle are hidden in the letter grid.
All you have to do is find them!
The clues have a space between first name and surname
but there is NO SPACE between them in the grid.
The words can be,
horizontally, vertically and diagonally forwards and backwords.

All information correct as of 2020-2021 season.

Good Luck!

WORD SEARCH PUZZLES

IRISH RUGBY
TOP TRY SCORERS

```
C D L G B U K I U B L H G G L N K X K N
A N D R E W T R I M B L E A J Y V H E G
V H K G P D T R E N Z P O K Z W C U I I
G L M F I M Q Z K L K B R I T A H W T R
P Z J A C O B S T O C K D A L E Q O H V
V F B B J H U G V D L A A K G D M I E A
C N V U R G E R I S H A N E H O R G A N
Q V U Y H E N K X L F L M F L V B R R D
J D H A J Q N C P N Y U U C D W I Q L E
N S S M A I N D P A D Z R A R H X G S M
L D K C X R Z A A T E K P J T H T P X P
V R S C P R B P R N Z G H Q B Y G A N S
Q A L G T W T S T O M M Y B O W E S W E
X E V T K K D W P F D U W M J M F R T Y
B R I A N O D R I S C O L L J R F E I G
Q T D R B U Z J W V D L V L G V G X C Q
V J T N B T N F D E N I S H I C K I E A
J B Q T V P C Q G M U U G U A N R G A K
L X C T C N N W X F B X O P Z Z V E J P
G D E Z K I W P P T W V S D T C H H N G
```

PLAYERS TO FIND

BRIAN O'DRISCOLL, KEITH EARLS
TOMMY BOWE, DENIS HICKIE
SHANE HORGAN, GIRVAN DEMPSEY
GEORDAN MURPHY, JACOB STOCKDALE
BRENDAN MULLIN, ANDREW TRIMBLE

Answers on page 81

WORD SEARCH PUZZLES

IRISH RUGBY
TOP POINTS SCORERS

```
D F T D K W E P X B J C B G X W O D O C
J E N T H C Y Y L C C B I L H P L X B T
L M F T H S X U H B T F X W H Z R Z W H
Y D F E U Z H U Q Z I L R B U Q X Y U M
O A F D R J J X E M E H X M B T N V F I
L V T A Y G V Z Q B D D G K A O X N H C
U I O U K B D I M R K Z P I T Z K O R N
A D M P Y H S S H U A F T X H A Y T O Q
A H R N A S W Q U E O R E M P V D V N V
M U X B S E M V B C H S C C A S J K A A
W M R Y S A M I P Z N D D D D A V Y N D
X P J Y V C W B M A O V M Y D K T O O B
V H E R P E E D H U Z P L T Y A J O G S
A R G I F S T T O H D U E K J W W O A O
K E I T H E A R L S X V K B A L I Z R J
F Y U S G N E V N K I L E D C L R B A O
V S I T O M K I E R N A N I K G W N V Z
U G F J B R I A N O ' D R I S C O L L K
R O L L I E C A M P B E L L O P I Z A S
R A O M I C H A E L K I E R N A N N M P
```

PLAYERS TO FIND

RONAN O'GARA, JONATHAN SEXTON
DAVID HUMPHREYS, MICHAEL KIERNAN
ERIC ELWOOD, BRIAN O'DRISCOLL
OLLIE CAMPBELL, PADDY JACKSON
KEITH EARLS, TOM KIERNAN

Answers on page 81

PAGE 2

WORD SEARCH PUZZLES

IRISH RUGBY
MOST MATCHES AS CAPTAIN

```
F E X H O M M P R G O T P N T I M E C Z
D E L N U F C M I Z Q O S Z Y M M N W K
S D I T K C H A N B W I T I W P A B T K
N J J Z H R P Z B Q O H W P U N K W V U
K B L M F O L C L R X G B V R J M I X T
C K J B I E B I B U C G R E J Z I L T A
S E Y X B U Q A R Y A E I U N W C L A S
T I F G Q N U R G T B K A Q S J H I H I
F T V P R K Z Á Z J M U N O H C A A D J
X H O Q F B C N J O A C O I G G E M M F
W W K B H J Q F T U I E D W L B L C S K
L O S J L Q W I W M A N R H F Z B R F T
R O R Y B E S T G L E M I U M K R A M Z
T D N O O J U Z T A J Z S P K Y A W V Q
P J J J O A D G R P P X C K H O D F Y X
A F K S D I H E D F U G O W Z P L O I H
Q O W L D F E R G U S S L A T T E R Y A
Y Z P W Z Z L A J L M K L B P F Y D O D
M H B G P A U L O C O N N E L L E T T H
R A G P U T R D Ó N A L L E N I H A N N
```

PLAYERS TO FIND

BRIAN O'DRISCOLL, RORY BEST
KEITH WOOD, PAUL O'CONNELL
TOM KIERNAN, CIARÁN FITZGERALD
DÓNAL LENIHAN, FERGUS SLATTERY
MICHAEL BRADLEY, WILLIAM CRAWFORD

Answers on page 81

PAGE 3

WORD SEARCH PUZZLES

IRISH RUGBY
YOUNGEST PLAYERS EVER

```
D E G P D J R O B P P O B L S F V L Q E
L Z I G Z D E D U E T L Y V Z X T Z Z B
I F G D J N D A V E H E W I T T O L D A
Q R E D M U N D F O R R E S T I R L X S
E E W Z Q Z J F O D I C K I E L L O Y D
T D W W E Q A G L V M G W W L P W E V Y
G E O R G E S T E P H E N S O N T L S A
C R D V B Z P A C V H O B T I Z V T M G
N I I X E R E F E K M R G W B O I X G F
H C F M P A R U N E P G Y D Q T S N L T
C K S O K K B A N N I E W Z J V D Y O N
D H N C S P R H W G L M S E I B B L L Y
U A C Z V F E U M I V C S U W P Q R Y B
R R O C Q F T K A T E A U V I S G E L G
L V O L B B T B Z S S L Q R K Y S S G O
T E D R M Y N V G N B L Y E A L U P N I
Q Y E C F A X Z S V J A A N A U L C P T
Y C N Z D I P H J O H N Q U I R K E X A
D U S I H V C W Q C N E I W D Z Q O V T
M G A M C K S W M A I I O U I X W X D C
```

PLAYERS TO FIND

FRANK HEWITT, JOHN QUIRKE
GEORGE MCALLAN, EDMUND FORREST
AIDAN BAILEY, GEORGE STEPHENSON
DAVE HEWITT, FREDERICK HARVEY
DICKIE LLOYD, JASPER BRETT

Answers on page 81

WORD SEARCH PUZZLES

IRISH RUGBY
OLDEST PLAYERS EVER

```
J A B X C E C L F Z U L J B U O K C M N
X N U R J E N U T P E V V C G C X K I P
P R C E C S V E O R H I Y L R B C Y K A
S P I S T P K J V B E Y I C O Y W D E U
V K L T K C V E Q V M L R S R T T E G L
O N P S W P B R U G Q R F F Y O J L I O
U Q Q Q E E H N M N C T X Y B E I K B C
F E O L H T L Z J T Y E L R E E Y L S O
H D Z X C E J O N A T H A N S E X T O N
C C Z H A R O P C F T L H T T W C I N N
G A A A Y C H D H J L Q G X G D B H P E
R M U Y G L N G I I D F G K F F F C A L
B B D Y Y O H K M G L F W N L V E T E L
Y U Q B U H A D Z Y R O N A N O G A R A
V B Y X U E Y T M I K E R O S S N Y D K
E X E B Y S E J R G G O B R S U M Y M C
L K P E H S S A C G B Z A P M S Y K A R
H O D A K Y Y V O K X C G M Y I R B N N
G W W B U W J Q Q T W D I T U Q X Z L Z
Q I T Q F D V N B H V Q K W U U L N I D
```

PLAYERS TO FIND

JOHN HAYES, RORY BEST
MIKE GIBSON, MIKE ROSS
PHIL ORR, PETER CLOHESSY
PAUL O'CONNELL, RONAN O'GARA
SYD MILLAR, JONATHAN SEXTON

Answers on page 82

IRISH RUGBY WORDSEARCH PUZZLES

75 PUZZLES
ALL-TIME APPEARANCES

The player names below each puzzle are hidden in the letter grid.
All you have to do is find them!
The clues have a space between first name and surname
but there is NO SPACE between them in the grid.
The words can be,
horizontally, vertically and diagonally forwards and backwords.

Good Luck!

WORD SEARCH PUZZLES

IRISH RUGBY
ALL-TIME APPEARANCES

```
V I S V I W R Z Z S T N U Q K H A N E D
T I U O N S Z G I W U Z Z Z O Y U R H Z
N J O N A T H A N S E X T O N S W Q J C
J R J W U D B O R K J N O D E H Q R W K
Q C Y T O U C R L M J F F Y P X E S K L
E A Q J O S F I I R O N A N O G A R A O
Q A K R J R C C F A N H L J N U W H K H
T I L U L V D R D Q N G B I C J S L Z J
E B B V A O C N S H R O R Y B E S T C A
E Z C J D I Z G O Y X T D W U E F H I M
A F B W B C D J T Y S U S R G J M T A I
T J H T Q D O U M R X C V L I U O F N E
R O B K E A R N E Y A V T V V S N G H H
L P B G E O L T C P U F D N M K C O E E
D L K O Z Z E H S Y J P S K P R X O A A
G D W E P P A U L O ' C O N N E L L S
X K G B U M A F R A T P G Q J K Z G Y L
L I J H U Y S S Z D I X K Q G Z F B E I
N E M G M H J W D D Z H M G W K W F Q P
P H I B M X X T P C I G K I G M B Y B W
```

PLAYERS TO FIND

BRIAN O'DRISCOLL, RONAN O'GARA
RORY BEST, PAUL O'CONNELL
CIAN HEALY, JOHN HAYES
PETER STRINGER, JONATHAN SEXTON
JAMIE HEASLIP, ROB KEARNEY

Answers on page 82

WORD SEARCH PUZZLES

IRISH RUGBY
ALL-TIME APPEARANCES

```
I N U Y Z T S F X T H Y G Q G V R N V T
T L U A H M A L C O L M O K E L L Y Z A
A U D O X D V F K T F N R Q V R Y R V Q
Y Z S A A Y H F E P W U D Q K O N M Z Z
T X R Z V Q M T I C O N O R M U R R A Y
W B H A R I D U T B Q D N C I G D A B M
I H H B O J D Q H A E W D S F U A E Q H
M Y D X A F Y W E S Z O A T L L V D S Y
R K I G E O R D A N M U R P H Y I S I K
F N K H W V L O R L H M C M N U D V H W
E M D J P B Z P L F L O Y O A E H T O J
W Y Z C T Q M S S I C A H G L H U H Z R
H K C M X E I S I F X A C F T V M Q R Z
Y Q G I R V A N D E M P S E Y N P U T O
G S D O N N C H A O C A L L A G H A N U
V G I Q S I F W R S T R C L R P R G T O
S G Z N M P L E J R L X O W V U E D J C
K R M P Z W T C X A X M Y X N Z Y Z N L
V H U T F E J Q U Z E W V H I I S N W C
B D G C P K O O N W T N J P W I I I B I
```

PLAYERS TO FIND

DONNCHA O'CALLAGHAN, MALCOLM O'KELLY
KEITH EARLS, CONOR MURRAY
GIRVAN DEMPSEY, GORDON D'ARCY
PETER O'MAHONY, DAVID HUMPHREYS
GEORDAN MURPHY, DAVID WALLACE

Answers on page 82

WORD SEARCH PUZZLES

IRISH RUGBY
ALL-TIME APPEARANCES

```
J G Q V E H F W S C X C M H G G M T B H
V X A K C D R G R K O C P P N T F X I X
G G Q A D G L M A R G O W N N P L E F F
S A Q Z E H N U M W U T O M M Y B O W E
M B P K D A O H A G V S R F F Z D I Z F
C Z B N Z E H H G B B I M K I U O N S N
P A N D R E W T R I M B L E R D D R T M
A E F Y X J L T G F E O P V J E X E S Z
C L C V T N Y E O Y B D M I S V K D L V
M Q Y X I A K G Y W N W E N X I T D K R
Z N M G B I X S N F Q A V M G N Y A B U
S S C T M A R C U S H O R A N T Y N U Q
C E E Z G R U Q E R L N E G X O F U O X
L S R Z L S H A N E H O R G A N S Y M B
M F Q R S E S I M O N E A S T E R B Y X
K C X Y L V K A V E S E Á N C R O N I N
U K W X M X O V N C Z C S L B U Q I K O
A S I H M C X Q M P I R E H Y N P D Z H
B V F C Y I K L X Q E B P H D B C O L K
Z Y J X U H Y K M N E N J C M E N F J E
```

PLAYERS TO FIND

SEÁN CRONIN, EOIN REDDAN
KEVIN MAGGS, ANDREW TRIMBLE
DEVIN TONER, MIKE GIBSON
TOMMY BOWE, MARCUS HORAN
SHANE HORGAN, SIMON EASTERBY

Answers on page 82

PAGE 8

WORD SEARCH PUZZLES

IRISH RUGBY
ALL-TIME APPEARANCES

```
B Y Z J W Q S G B K N X Y A L H L T X S
M X H N I V O G H T V Q D W K S B Q V Q
H X Z P L S K I A I N H E N D E R S O N
K X D O L P D A N T H O N Y F O L E Y X
G J E R I A U L D V K E I T H W O O D J
L M G U E Q M G Z V L V S M Z S X F X D
Y K R R J Q X J P N G A L B W K N L O O
D M P T O K X P H A U R E C U J L U V W
H E K R H T V I I L D D A G F X Z A H A
L D T S N H K O L M C D M X Y U P D U G
F Z D I M B X V I H D E Y Q D S R U R U
T Y H A C C P X P Q X P V J X N V Z L Z
S A X Z B Z O I O M I K E R O S S M O C
U K U K R D H Z R V F N F D J H G S D H
A K P J I Q R S R Z U U V U J Z N N N N
C F D F D E N I S H I C K I E S P S O A
U Y T F E R G U S S L A T T E R Y O Q Q
H V G I C Y T E S B K I N E B W O R Q W
D M A C H U B J V T Y L E D O Y C R L O
U Y N B U J B J Z Y K C Y T N V V E A H
```

PLAYERS TO FIND

WILLIE JOHN MCBRIDE, ANTHONY FOLEY
DENIS HICKIE, IAIN HENDERSON
FERGUS SLATTERY, MIKE ROSS
PADDY JOHNS, PHILIP ORR
KEITH WOOD, DENIS LEAMY

Answers on page 83

WORD SEARCH PUZZLES

IRISH RUGBY
ALL-TIME APPEARANCES

```
N B F D H H F P D V J X H N B D K V M G
J U K F O Y Z M I V Y B T A K O J E G J
Y E V S O R K P T O M K I E R N A N H U
D X M X F B O D W R E C J S T A N D E R
H B U N I C K P O P P L E W E L L W T E
U P R W X E X E L N C O B V O L D J R S
F Y M E D N Z W G H O E Q J Y E Z J W U
S K Q G N T B R O B B I E H E N S H A W
J D N M H D I O S E Á N O B R I E N V Q
C R U S R J A C K M C G R A T H C X A Y
P P G W S P C N L R I Q H B Y A F K T K
L K Y Z A J A H M G E Q E S V N M J S Q
D U N K X W Q F U E I A S P H O X R L
Q Z P O X W K I Y U L N P V X J S H B Q
G Z N A C P E T E R C L O H E S S Y J V
E S H O O I G B J T S B I P X R K Z O L
B D P J L Q K N R R R X Q N X G E T S E
D U J L G O L E Q G M S P A Y O A B G F
V G Q D A R P J L C U U V E M W N U C P
W B Y G Z E B Y C R Z C W A O X E X M R
```

PLAYERS TO FIND

BRENDAN MULLIN, SEÁN O'BRIEN
JACK MCGRATH, TOM KIERNAN
PETER CLOHESSY, DONAL LENIHAN
MOSS KEANE, ROBBIE HENSHAW
CJ STANDER, NICK POPPLEWELL

Answers on page 83

WORD SEARCH PUZZLES

IRISH RUGBY
ALL-TIME APPEARANCES

```
W D U D J A B I G C F V K A O P N R Z G
W M Q J Z K L F N A Z B S N S Y C Q I A
P S W H J A W G U C K I Z E Z B J N G L
D A Z P W U F D E D W I R P M X J T E Y
N A U F G I D D R C C R E A W S L A O I
L R M L J L W C B G W T G J L N Y D R L
P G L B W E G C D A V X G T R N C H G H
K K A E V A L A O M R X I J D Z M G E K
T F P E G K L Q N H K D E A E O L F S N
N C K O E O I L N Z L J C C C Z P U T T
T D A G K Q P B A S D M O K E G S R E R
C A W Z E G Z M C C Z P R K R N P L P V
Y B U U N G C G H U E W R Y I N G O H D
Y Y W L K U Y D A V E K I L C O Y N E X
H M I K E K I E R N A N G E M L W G N G
Z O J V N A D U Y E Q K A K I R O H S Y
X K Z X N V O T A T B I N D L A E Q O P
I J B V E V F W N G G R C J L Q S N N G
H E W B D N H O B R F V I N E W C Q O A
C A Q S Y L S A E T G T F D R A N B V W
```

PLAYERS TO FIND

ERIC MILLER, TADHG FURLONG
REGGIE CORRIGAN, DONNACHA RYAN
JACK KYLE, KEN KENNEDY
PAUL WALLACE, MIKE KIERNAN
GEORGE STEPHENSON, DAVE KILCOYNE

Answers on page 83

PAGE 11

WORD SEARCH PUZZLES

IRISH RUGBY
ALL-TIME APPEARANCES

```
O L R Z K T A N E L L L Z X J B C O O I
B S Y Y A Y C D C O Y P A P N C J O Z C
K A R H I K F U O Z B C F A V Y E V M S
Y M R X K Q N W L K K H M D L E R I J L
Q O V E O D B M L S O E Q R P W R A Q S
C H R V N T J I D S O Z T V M N Y O K W
E D H D T J E C U I H T S S Q O F D V L
F R C T U A B H U K L M M Z T E L R C H
S A R W I P J A X N B F M Q L L A K Z Y
W Y W I L L I E D U G G A N Y M N E J G
L M I C K G A L W E Y Q C D C U N I N S
H C W R U P P B R L Z Y G N W R E T W E
G L T V O E Z R L N Q B J L Y P R H Q Q
Q O O U V W B A B V G Q X B Y H Y C Z A
A U P K N K G D K I I N E I T Y V R J B
T G F E A U I L J M S N Z U D K M O F R
G H Z L M A Q E V A A J G H G G M S D G
R L T M K T X Y F H R R C S O P C S A W
V I C T O R C O S T E L L O D W C A U K
W N O E L H E N D E R S O N B D J N D Q
```

PLAYERS TO FIND

NOEL MURPHY, WILLIE DUGGAN
KEITH CROSSAN, MICK GALWEY
SHANE BYRNE, JERRY FLANNERY
NOEL HENDERSON, RAY MCLOUGHLIN
MICHAEL BRADLEY, VICTOR COSTELLO

Answers on page 83

WORD SEARCH PUZZLES

IRISH RUGBY
ALL-TIME APPEARANCES

```
M Q Y O C K T F O B V G Q J X F W D L O
B T S I M O N G E O G H E G A N V P G F
M G D Y J L X W T I V F V J L L N G J F
H H J Y D I J C W L K S J P L S V J A I
W Y O N C M E P X J W A C I Z A E U M A
B V N N N H I H A N D R E W P O R T E R
X C A E N E I L F R A N C I S G I Y S A
E M T D P A W N L M C M A D B R C J K P
L P H I L L I P M A T T H E W S E I A Z
X L A Q R I U F M H R B A Z V I L W V G
P S N W T K C O D M H N B R M V W Y A S
L U B E I M G K M E J K S V N N O R N R
G U E C R U S S X X U Y J E H D O S A L
D I L N H A E O T E F S J A J H D Z G T
B I L L M U L C A H Y W K K R T G Z H T
W H O O B I X G S G S E Z R N S B Y M A
I X N M Z P H W S A S W I U E W Z F D W
U D H C P U U E X R Q V U Y L Z U B O L
A A N R O V V E M Q T V U P F E P L X E
U D Z A K X C K J E C X Q R V U Q P O U
```

PLAYERS TO FIND

PHILLIP MATTHEWS, SYD MILLAR
HUGO MACNEILL, SIMON GEOGHEGAN
NEIL FRANCIS, JONATHAN BELL
ANDREW PORTER, JAMES KAVANAGH
BILL MULCAHY, ERIC ELWOOD

Answers on page 84

PAGE 13

WORD SEARCH PUZZLES

IRISH RUGBY
ALL-TIME APPEARANCES

```
H M O L N F D H E T O N E V X A O X D D
Y H T O B B C W U F D P K N T B G Q E Z
N Q H Q B P G S Q P D H R S A P Q N S X
M K K J J C A E E A K T R J O J N R F R
S Z U I L G Q Y M W K X D O I D P C I H
X O A L C S F V L X C J N Y Z U Y R T B
Y C T D O H U C O N O R O S H E A C Z H
F J G Z G F T D R N S P I G K E A K G N
W Z E T K L G A R R Y R I N G R O S E O
E E E K M J A M E S R Y A N E I Q X R Q
C R C C H E V C K E Z L S S P D D T A X
D D M Y L U K E F I T Z G E R A L D L U
L C B E U G E N E D A V Y P T F I K D Z
I U B I H L E P U I Q Z M C L M P G I K
K N U D E H X R A G P C X B O M J X N V
W I H I P V W Y H I Q O A N X Y Z M O R
X L F E R G U S M C F A D D E N Q L I F
G S T R E V O R R I N G L A N D X Y Q B
P S I M O N Z E B O B L M B D F Z H F P
I J S O P A D O A V G Q J F X Z C O D B
```

PLAYERS TO FIND

CONOR O'SHEA, STEPHEN FERRIS
SIMON ZEBO, JAMES RYAN
EUGENE DAVY, TREVOR RINGLAND
DES FITZGERALD, LUKE FITZGERALD
FERGUS MCFADDEN, GARRY RINGROSE

Answers on page 84

WORD SEARCH PUZZLES

IRISH RUGBY
ALL-TIME APPEARANCES

```
A G J M S I A Q A M T T A O R B W X I Z
V W E H P P W Z G G E U N Y U N D N D L
X W N S J E R E M Y D A V I D S O N Y K
N C G D J U U Y D Q B R D C C S X D E L
B K U E A H Z G C T E Y S M R K C H R E
F W B N C M Q E M H B D M E G R K B N F
T H M I O V D Y Q L G A D M Q W F Q I F
Y O J S B Z J W F V Q N V X Y L M G E V
U V M M S G E O R G E H A M L E T C C T
W M E C T Y G E H H F P L V L O D N R N
P C K B O X N W B N R O W J Q C Q Y A F
L K P R C U L O F K O X A S M U H E W R
F T H I K T R A F R J D I K V L D Y F H
Y K F D D Z D T N H I Y R U E L W J O G
T Q P E A J Y Q V R X G D I U E J L R Y
O X B O L R E G Z S A P Y A S N Z J D G
Z C W Q E Y Y S T A W H P M H C M Y W T
C J T B S P F F Z T Y O U A R M O K Y D
G S M Z W D A S J S Z M T E V V Q L P F
G N R L Z F U F G W Q Z W O U P B P L J
```

PLAYERS TO FIND

JACOB STOCKDALE, JOHN O'DRISCOLL
PAUL DEAN, DENIS MCBRIDE
JEREMY DAVIDSON, ROB HENDERSON
LEO CULLEN, TOM COURT
GEORGE HAMLET, ERNIE CRAWFORD

Answers on page 84

WORD SEARCH PUZZLES

IRISH RUGBY
ALL-TIME APPEARANCES

```
F N A A O U S J N K M S O R Y Z B P F R
U E T L U D W X J N H W O H H A I J H W
B Q P E I V B O P C U N P Z Y B J O D B
Z S B X R A O C R C E R H K N Y I S D L
K P H A U R X K A W U W S P E A M H B K
K O A N G S Y M H M H G G I Z Z M V M E
B U N D E E A K I N R A Q Z I D Y A R D
D T A E D C W D I I K K C P S U F N S D
V M V R E Y R D A N M Y K G O S A D I B
P N A C T O W J G S G K D O Y G R E M F
L Y V E J Y X A J U K S V R I N R R F E
E E Z C R R F M L I M K T D N G E F V W
B W L I B H A I W L Z P A O S F L L E N
B B U L I N O E K I A M W N N O L I H B
S Y P P A V Y C R A N C B W V N I E I N
N I E E O L U L M A E E E O H S B R Z S
K O F D H E A I I P B G Z O U U N E L F
O L A L A B C N D H D N P D O U I I T Y
Y P N O Q F E C I Y L B F T Q G H S Y T
G B Y W R I K H X E Q L A H Y R B V O O
```

PLAYERS TO FIND

JAMIE CLINCH, ALEXANDER CECIL PEDLOW
TERRY KINGSTON, PADDY WALLACE
IAN MADIGAN, JORDI MURPHY
JOSH VAN DER FLIER, BUNDEE AKI
JIMMY FARRELL, GORDON WOOD

Answers on page 84

WORD SEARCH PUZZLES

IRISH RUGBY
ALL-TIME APPEARANCES

```
V G G Z O F R E C N F Y X M F E W C B D
Z V F Q D E I U O N I G U L L W A R F E
R Y R T J L C Z F G Y U A U Z Q I S N H
G J A E D B H F A S V Y I B T C X U Z A
F A N D Y W A R D D I E T N W L W G T U
N S K L T Y R O T H B A A P T T R Q Q D
N V I D Z T D J Z Q D S J O F O T N T H
V M E F E O W I D X I T A V O D N Y Z P
K P S C W N A M P F H E C J K Q V O C H
E S H A Z Y L M H M A R K S U G D E N U
I T E U H O L C I N N B C M T V R H Z M
B R A N E R A C L Q L Y L W H L Y L V K
Q B H P D E C A D C O D A S Q F V C B P
K M A M K I E R A N M A R M I O N R D Q
J N N K U L A T N C O D K M W V I L D X
L D R P S L V H A T L L E S B O W M V Z
G H E B C Y Q Y H V D Z A A F T J M R Y
S Y J U B K V P E C Z C Y O R Q R X O B
G C U V H O P S R V N R C F K P E O M E
F X J L A R I E L I J O V U L K W X D B
```

PLAYERS TO FIND

TONY O'REILLY, JACK CLARKE
RICHARD WALLACE, FRANKIE SHEAHAN
MARK SUGDEN, JIM MCCARTHY
PHIL DANAHER, ANDY WARD
GUY EASTERBY, KIERAN MARMION

Answers on page 85

PAGE 17

WORD SEARCH PUZZLES

IRISH RUGBY
ALL-TIME APPEARANCES

```
A G O M Y Y X S D Y X J L G V P J B E N
Z T W M F D T Y A T R H U O Y V G M R K
V X S K K I J D B Z E S R Q A G J C H V
E Z R J H P O X I Z I W W J T R C A M B
X T P W B P Y P D A V I D C O R K E R Y
D N R L D K E I T H G L E E S O N F W G
W F J C V J O H N M O L O N E Y T M V B
Q H I Y Z Y G X A J B I O C N Q T I Z L
K R N F R N M U W R J E G A D H U U K I
P R E P K N D V U S U A L P P T V I B D
O L P V L M E C R O N N I E D A W S O N
P O U G U I T H F L I D T I H V H Z B W
T U A G B C P L V U F E R G Z S U G Z M
V Z I O A K Z M Q K E R A N B G W O J T
C R E V N M Z N R H Y S R U D D O C K J
L O B B F O A S Y C L O U I S M A G E E
H I L A S L J O R D A N L A R M O U R H
T U O W A L W O Y U Y V S P Y S O V R H
A Z D L Y O K E M B K T Y K N Q M J W Q
Y R K K Q Y Q G I Q T G N L Q D A T D H
```

PLAYERS TO FIND

JORDAN LARMOUR, LOUIS MAGEE
RONNIE DAWSON, MICK MOLLOY
JOHN MOLONEY, WILLIE ANDERSON
DAVID CORKERY, ALAN QUINLAN
KEITH GLEESON, RHYS RUDDOCK

Answers on page 85

WORD SEARCH PUZZLES

IRISH RUGBY
ALL-TIME APPEARANCES

```
G K W G K T Q K Z Y B B N H M S G F Q Z
W T I P Y N J M L U L B Z N B K E A F N
M H A D E U U Y R F P B P X N M O L N H
D K H V Y V S X T X I V Z Y Y O R A Z D
C A K F M U T C V Q J J M X N H G N Y T
V C U O G R I K H G W Y J Z S C E D G B
B M V N C C N B Q Q E A E I M L B U O G
A U O A E C F A M E O V R Y I Z E G X G
Y D V Y D H I R K K R T R W R F A G M P
O Y F W A G T R B K Z R Y R N D M A O X
X A F C F K Z Y R B A E W O J J I N I G
W P C U D N P B X B A O A G A I S W C D
X Z X T V K A R L M U L L E N M H K Z T
M N R O U M T E U U O J S R O S X P D R
Y P W A F O R S I W D C H Y Y T H K T H
J Z I N K B I N L F J B C O F A Z R I F
O T I Y D Z C I K T E D R U O P M V E K
A G A P O B K H T P N K M N Y L D I J F
V X K O C V G A R Y L O N G W E L L E J
P P I G K X T N N X S E S R S S Q M Z S
```

PLAYERS TO FIND

JERRY WALSH, ROGER YOUNG
JIM STAPLES, JUSTIN FITZPATRICK
GARY LONGWELL, GEORGE BEAMISH
KARL MULLEN, ALAN DUGGAN
BARRY BRESNIHAN, BARRY MCGANN

Answers on page 85

WORD SEARCH PUZZLES

IRISH RUGBY
ALL-TIME APPEARANCES

```
U C E O H L X I Q I B I A M X M C K W R
P W W F S L G O X H F L I E H Z E I E W
P J A L V C Q P W Z V W T H P C R Z Y F
S C I A R A N F I T Z G E R A L D Y V V
F T I L I D Q A V E X D X R D N H H O K
B C E C V D J P C L L D G Q D J F J T J
J B J W B P A D S L Q M U R Y U B R Y G
A J K N A E V V T Z O V T I J S W S M J
Q U S E U R O M I T X G Y H A T J R M B
R N T K M E T D H D U W P N C I P B N H
H G E A Z G E M X X I X K U K N C C L F
V E V H Y D G X C J N R I B S B V Y O G
Y K E J Z R B J R K F X W U O I P N C K
B E S I Q J A C K S I G G I N S U J I D
J B M J W M Q F I Y J N R L N H J S D U
B R I A N R O B I N S O N E L O N C A J
Q K T H D H X M I U X Q H E A P X I F W
B A H O T O N Y B U C K L E Y W F W Q A
I A O M I V F C A K Y O J I H W Q O U U
C S G L Z P M C M M K N R C Z W Y V L B
```

PLAYERS TO FIND

TOM GRACE, STEWART MCKINNEY
CIARAN FITZGERALD, DAVID IRWIN
STEVE SMITH, BRIAN ROBINSON
JUSTIN BISHOP, TONY BUCKLEY
PADDY JACKSON, JACK SIGGINS

Answers on page 85

WORD SEARCH PUZZLES

IRISH RUGBY ALL-TIME APPEARANCES

```
X K K X R V C D V N F L B X S T V N M A
A J D O I V U G S A T H N O I P P J P J
E G O H B L K F H W B V N S I M B T V B
C W P H J D C F R W T H C K F D H B T S
B D X A N D R E W C O N W A Y P M I T K
Q E F P F O C G V T H N M P W E Z L O F
T J N O Y L M H O A T I J R S D N L M K
F T Y W Q L U E M M J C S O Q S A M Á X
O C X E F Y V S A T X A F I H Y L C S D
B E Z C J D F D P R I P B S C N F K O P
I P Y I W F R E D G A R D I N E R A L U
P U Z H L J B F Y P G L O M I H E Y E Y
S N I M I C K O D R I S C O L L D T A I
Y H W Q X T C L I C X M D N N H T E R N
S R A C A F Z C D M U I J B W K E Z Y C
M R M D Q N Q Y U P N I Y E K U D A U A
W I R H T I T N K Z U B M S S X F K R W
U B B D J D G P M T F C Z T H P O V N Q
L E X E J D D R C H R I S H E N R Y E S
C V L O S X G S Y S Z N B E V A D H I Z
```

PLAYERS TO FIND

TOMÁS O'LEARY, CHRIS HENRY
ANDREW CONWAY, ALFRED TEDFORD
BILL MCKAY, MICK O'DRISCOLL
SIMON BEST, JOHN RYAN
FRED GARDINER, JOHN O'MEARA

Answers on page 86

WORD SEARCH PUZZLES

IRISH RUGBY
ALL-TIME APPEARANCES

```
H I T B K Z I F X Q R S V P M A T F T O
D E A E O A C L G I P V O C J D D O A X
P D D J L R E H S G S X X H E O L A N F
W P H I L O C A L L A G H A N F C H Z Z
S A G P I C B A H O R B L R C D B J X Y
W M B U E J N N I K E B J L O W Y G I X
Q Q E E C Q R D O I E Q Y E E F V S L I
Y D I I A X I Y Q E J M P S L J V O T N
L Q R L M S N M M R O N X E T G K S V W
F I N M P M P U B O E Q T L Q I Z H D B
T G E V B Z L L D N Y N O L U D E Z V B
J B N Q E R U L Q D C K D I X I Z R W R
Z C T G L O J I S A A C B O S S L D M K
K G S I L B Q G N W R J I T Q G O J O V
I M M R Q I J A M S B A T A G V O S J X
P J X X Q N C N K O E C H L T P N A I L
I I L G K R T W U N R N D L Y J M L N C
U Z K A X O Q M Y T Y Y K E E Y A W M S
I Y N D K E V I N F L Y N N M Z D S O K
U S S Y R U Q V N P H O R W N N M J S W
```

PLAYERS TO FIND

ANDY MULLIGAN, KEVIN FLYNN
OLLIE CAMPBELL, ISAAC BOSS
JOEY CARBERY, CHARLES ELLIOT ALLEN
ROBIN ROE, PHIL O'CALLAGHAN
KIERON DAWSON, TADHG BEIRNE

WORD SEARCH PUZZLES

IRISH RUGBY
ALL-TIME APPEARANCES

```
W X L A E M F M N V I D M X U Y V M B K
J J X P E T X R O B H E R R I N G L G A
I I D A H C H A R L E S H A N R A H A N
I O N Y E L J J X S G O I T X C C E B I
S X X Q H H A Y Z H H B H H B E K D R A
E S I E O F M K X I Q R A L Q R T Q I L
H K V V J I E L K M S I A J A P O F E L
Q W E I T P S C J A R E D P A Y N E L B
P L T N W H M Z P Z H N L V H J Y Z F R
X M L R V S C T F Q E I E Q F H W L U O
M S S M B N V S Z B C H N B L V A M L P
L E B F I G I S K E S Q X W I K R U C H
P I F B S C C E N O D G V H Y D K H Y
E E U G Y S K S F Z C L Y O B T B V E F
F H E M Y H E D Z S Q Z W B V K Y U R A
O L D P K M R R O O P G U D D D T M I B
Q Z T X A F W U O Y H T J Y H A Z U B F
Q R P J V Q Q X S N L W P N F J T U U Z
A C I O I B C X F R Z E T D J C O W Q M
V I D Z N J Y Y T O A E M F A U Y X B I
```

PLAYERS TO FIND

JAMES CECIL PARKE, JAMES MCVICKER
CHARLES HANRAHAN, DES O'BRIEN
NIALL BROPHY, MICK DOYLE
TONY WARD, GABRIEL FULCHER
ROB HERRING, JARED PAYNE

Answers on page 86
PAGE 23

WORD SEARCH PUZZLES

IRISH RUGBY
ALL-TIME APPEARANCES

```
Z D Q A I I P B L V T M P G V Q Y P K A
A I O X N G H O K D S X X P J P C A P Q
R C D X Y E E P V K A Z D X O V V U G H
N K V M J A L T J M X E W L H D N L G Q
X I Z W P R T L V W Y J L B N D F F H L
N E A I I C X R Q T P O F G C Q F I K O
M L H L A T H S W U C H I E O F X N F D
N L V L L A Q A K Y H N N O F B B B J V
Y O M I X S M B R R J R J R F H E A Y O
W Y F A J G C L Z L F U P G E D U R E U
T D Z M U R X A X N E S L E Y X E R U G
Y I H P N O V V N I W S M J U F O M B B
B V U A S E H D T N B E R M X R L U K R
N Q R T K S A M L E E L D O H D S R R A
H Y V R X H E P D W L L R O P D R L Q
Y V P I F Q X L K J V L G D K U A L T
Y I E C M I C H A E L B R A D L E Y T K
F M F K L X H N P P F X N N F U F M N N
A D Y O E N L B V S D W C L K B K M P D
H J J U V L L H X Z F G L V E Q M R H R
```

PLAYERS TO FIND

NIALL SCANNELL, SAM LEE
CHARLES ROOKE, JOHN COFFEY
DICKIE LLOYD, WILLIAM PATRICK COLLOPY
MICHAEL BRADLEY, PAUL FINBARR MURRAY
JOHN RUSSELL, GEORGE J MORGAN

Answers on page 86

WORD SEARCH PUZZLES

IRISH RUGBY
ALL-TIME APPEARANCES

```
Q A V U G P Y H Z Q O P T V E S N F B F
T L Q E E A B L G P X S P C V I S S O D
F L D I R D G N G M V G V L A A A F K A
X M A U R I J J K G B M U G B D Q P Z P
C L I K Y Q T O Q Z T M A S O W L S U C
D L C T C Z T Z M U S E T D F W A L D Z
S M V G U F S K Q Y N O M P J J I N L O
M I L O L K L E Z N M W X V N Q S D T L
Z I G W L E G K I I I J V K Z E P J J V
S K L Y I N U U L U K E M C G R A T H N
D B R G T G C I V P E C I W J V T X J A
H O I C O O A C T A M E V N N A W V F G
E Z Y W N O G O Q X C P T G M O H Q I L
A U K O W D J A C K C O N A N D E W T K
J A I N D A V E K E A R N E Y L L V H O
H D C P E L W Y N T R S Y K M H A W G L
N M B N F L K J D I T F O M G B N E B H
E Y K Z M L M H U G H W I L S O N M B S
X S J M N D H A R R Y T H R I F T O Z Z
T U I W T L V R K A N Q U J F C X W M A
```

PLAYERS TO FIND

GERRY CULLITON, KEN GOODALL
PAT WHELAN, DION O'CUINNEAGAIN
MIKE MCCARTHY, DAVE KEARNEY
JACK CONAN, LUKE MCGRATH
HARRY THRIFT, HUGH WILSON

Answers on page 87

WORD SEARCH PUZZLES

IRISH RUGBY
ALL-TIME APPEARANCES

```
F N P M E M P Q D M Q M E Q L F W V C Q
T T K F R P Z I C X Z X B M Q W X P F S
S V E Z P L J N M C V D J S X G M D K V
P M A L E X A N D E R F O S T E R H F W
O G E R R Y M C L O U G H L I N F N R A
M S K R Z P I H U Q K X N X O K Q G E L
G I M W A C W F E L F D O T M U P F D L
L H C Y L W A R N X T T C N N H A I D A
Y S U H D O J A K S N A O D R M G M I C
V V V M A A A E E L Q P N Z T F P Y E E
Z G O J Y E V B E W F B O D S F G E M M
B T V W I L L I A M G A R D I N E R C C
T J U E R I B R D X A M C O S L I T L M
A J U C E K H P Y H I O C P Q T L D E A
H T A N K W U F K A E L K G Y I N A N S
W V P E W I S W M C N W Q M G L V R N T
P B H U T S C D W O N Q I X J V M Z A E
B M T M L T L L K H X T J T O U O T N R
V E Q N T D S M H I U B Y C T G E M E Y
B F E I W J I K F J M A T B D O R W L H
```

PLAYERS TO FIND

DAVID HEWITT, WALLACE MCMASTER
FREDDIE MCLENNAN, GERRY MCLOUGHLIN
NEIL BEST, ULTAN DILLANE
JOHN O'CONOR, WILLIAM GARDINER
MICHAEL RYAN, ALEXANDER FOSTER

Answers on page 87

PAGE 26

WORD SEARCH PUZZLES

IRISH RUGBY
ALL-TIME APPEARANCES

```
E U S X D R N X F D E U Z E X M J M A E
F A O S J D C I X Q D N D M D H H O T V
T X R I C H A R D T S T R A U S S T J G
C Z C D R H V Q T V Z O D U F A O Z O E
A P A Q Q W X Q H Y P R G R G L Q I Q J
B Y Q P U M S E O O D C O I E V F S S J
S U G L J F G B M J G Y P C S C M E X O
J F X P O L U N A Y M H T E O J K A V H
A O S W B E A W S S O F O F O C M N L N
Q E E Z Y P E H M Z S N X I Y M N L A K
V D O D K Q V F C H A R L E S P A Y N E
E B W Z G G G Z V C M I C K L A N E N Z L
V C J F K X L K L L X J Q D D X G C A L
E T K O I B A J E Y V W S E A S T H R Y
X C J E C H A R L E S A D A M S V K F C
T Z T L O B I L L Y H I N T O N B D Q Y
B N O H R U C Z A G P A S F K E P Z F V
W W J I F J O H N F U L T O N L O C H X
J T T B G Z E E D K G H H F O U F K O O
Q V P V H T G R E J V C S V B X W H R Z
```

PLAYERS TO FIND

MICK LANE, SEAN LYNCH
MAURICE FIELD, JOHN KELLY
RICHARDT STRAUSS, JOHN FULTON
BILLY HINTON, CHARLES ADAMS
THOMAS MCCLELLAND, CHARLES PAYNE

WORD SEARCH PUZZLES

IRISH RUGBY ALL-TIME APPEARANCES

```
T K R F C W J L W E U E D Y M H X A C L
Z T P W P F U C D P D E Z B K O E Z K K
P D C T U M I K E J O S E P H D U N N E
F R O B B I E M C G R A T H L Z G H F C
E I B Z U V Q I X B G I H A F Q F C N X
D X Q S V V R C W C J U V V E V O J B Z
Q Z K U M J J K N I J U V S R H D Z I L
J D H V I N C E C U N N I N G H A M L M
N F I Y K S G N C G K M X I U Z Q P C D
D N T O E C J G M B W E R Y S K L J M R
C P O N M D U L B V Q A C K A B Y H Y T
N K G E U I G I K T K J C A H E M U U W
R X Y V L U J S D C M H B H E D L R H N
T Y K K L M Z H A E A G H J R G K C Q P
B V F T I E A J J M C C O Y N A M D J J
X Z H Y N G H N J I M M Y N E L S O N R
U N K O S J J W N M W S N L D T K R L F
H F Y D N H U B B I C F T H A C P P O G
B S L J G H I Z R F O Q N H V T Z B S R
A C T H I U H C K M J N O E V L K M V W
```

PLAYERS TO FIND

JACK ARIGHO, MIKE JOSEPH DUNNE
JIMMY NELSON, MICK ENGLISH
ROBBIE MCGRATH, JJ MCCOY
VINCE CUNNINGHAM, FERGUS AHERNE
NOEL MANNION, MIKE MULLINS

Answers on page 87

PAGE 28

WORD SEARCH PUZZLES

IRISH RUGBY
ALL-TIME APPEARANCES

```
E P N B V Y X W W X M O E N D J U V J R
P S U N M Q S G K A W R U X T J H T S W
D I V R H E D F Q T B E E J O T B M R V
A O F F R L V A V T H D V P N B Y F O J
U B M J J S L C M J W R I A Y V X M B D
T D Q R Y Q A J Q U I N N R O U X V E E
G J J O X M Y M L C G D K H S L I Q R N
F U D B F B Z J W N S L F I U W Y H T I
H S K E F G A A N A Q N Y T L K E Q C S
O M E R C Y W U L H L V W W L Q J M R C
G P O T E Y W S W F C K Q E I G O M I U
R D F W Y I C W T E U Z E L V M S G C S
D K J A E J A J Y C R A G R A V E S H S
C H A R L E S H A L L A R A N K P P T E
M I X R S H P A U L M C N A U G H T O N
C M T E P I U E P Y N N P N L U Q E N M
J L T N V T M V G D T S Q M A F U E M C
H F V E M Z U L Q W L V M P K Z I Y M Z
L I Z Y J E A L Z L M I K B J M N Y R F
Y T A I V Y U H G D F M B S F A N T H H
```

PLAYERS TO FIND

QUINN ROUX, ROBERT WARREN
JOSEPH QUINN, ROBERT CRICHTON
DENIS CUSSEN, CHARLES HALLARAN
SAM WALKER, CRA GRAVES
TONY O'SULLIVAN, PAUL MCNAUGHTON

Answers on page 88

PAGE 29

WORD SEARCH PUZZLES

IRISH RUGBY ALL-TIME APPEARANCES

```
Z G A R F N C Z N O Y M Z J P Z N M W Z
S X L U G D I M B Q H E R H N F K I V A
T P T W X K M D N N C K L A G C V G K C
F Q X W H T V S V J T P P A T O H A R A
E R W D G C D O W V O R F R O Y O L I N
W T Q A B L J E Y S M U C O M R N I C X
P E P V T H D X Y S C O U B M A D S H Y
G J P I K A S J I K L A E E Y Q K T A A
L G Y D B E L G Y S I G X R S X V A R Q
P E E E W Y M C U J F H N T M U K I D I
O F E R K D X D M S F H U S Y N P R M S
S I R S I N C W S T O G V T T I S M I Y
X Q X K Q H U D S J R T O E H V U C L Z
S D W I J R G G T U D D A V U R N K L P
U Z I N C K Z F W V D F V E P A O I I C
N T H E N R Y S T E P H E N S O N B K D
D O X W D B M E C M W W P S G N X B E U
F T J A M H B G L L R S G O A N B I N O
K A W D E A Y M O S S F I N N U D N J Y
G Q O B C U W T K C R H W P S P V L W M
```

PLAYERS TO FIND

PAT O'HARA, DAVID ERSKINE
ROBERT STEVENSON, JOHN RYAN
TOMMY SMYTH, HENRY STEPHENSON
TOM CLIFFORD, RICHARD MILLIKEN
ALISTAIR MCKIBBIN, MOSS FINN

Answers on page 88

WORD SEARCH PUZZLES

IRISH RUGBY
ALL-TIME APPEARANCES

```
L U L J Y J G A H B S X O G Y I S C Q G
J Y H C U S L R C B L D F J D Q I O V F
C G Y V Y O V Z C T M G E U C N M J P G
Y P Y G P O R F D I A E H K D D A L D G
W E L O I P F Z L G P D Z Z O H N H S G
K R W Q C O N O R M C G U I N N E S S W
U N T H Y T Q Y M B G J J O M B Q Q H K
P E D M U N D F O R R E S T G Y N E A A
E S T T C Q W H F T J P G P T P H G R F
U T R Y H S A N D Y M C D O N A L D R D
C C E S R Q F V M O Q B V U Q R I Q Y S
D A V F Q O A C H R I S F A R R E L L C
F D O V N Z N T C W H B J D K M Q K I B
I D R O N H S E D F G K Y T P G D W N E
B E H O T E F X H H F Q C Y E P R R D K
E L O B L Y O K O O R I W W Y L O G S N
Q L G R E E F C V S W K M U D X K J A Z
P O A S F I N L A Y B E A L H A M O Y P
N H N H O M P J G W I Y V Q K P H Z L M
C P O L Q M T G Q H Z X H K T Z R Z I P
```

PLAYERS TO FIND

CONOR MCGUINNESS, TYRONE HOWE
TREVOR HOGAN, FINLAY BEALHAM
CHRIS FARRELL, SANDY MCDONALD
EDMUND FORREST, HARRY LINDSAY
ERNEST CADDELL, CHARLES THOMPSON

Answers on page 88

WORD SEARCH PUZZLES

IRISH RUGBY
ALL-TIME APPEARANCES

```
V W B E E V L W R Y C H H A U R H P S F
Y T X E S O V B C A O N P N S Q D G H I
F U Z Z Y A N D E R S O N B O J S K A L
B E R L H V B X K B Y X M P Z K T Y I R
K M P R T I E N B I H A R R Y R E A D J
J O D K J F U G N R J R T T L N R D A A
Q R S G U S I R R U V S I V G T H V N M
N G X F N S T A I R T I C A F B I B B E
C A Y R E A Q S C M H H C P T A M P A S
R N X Y M F W V H U N H F T H S Y C I G
Z C Y D O Q A Q A S S U Q Q O T Q D L A
B R P Y X R H K R I A W D S M R V M E R
T O M E Y M A R D R E I D F A I P K Y D
L W L B O T N N C E S Z A W S W X I G I
I E T O T U A E O P I B R R H Y C Z K N
W U O K K T J F L E S C J O A L F Y R E
K O D P S V Z G L T L E V C L K K W U R
K E W E M L M N O B D B M J P F S J K J
G D V N D X N V P Z G N C U I H G P D G
J T F Z B P O S Y Y U K F L N M S A E S
```

PLAYERS TO FIND

THOMAS HALPIN, HARRY READ
JAMES GARDINER, RICHARD COLLOPY
STANDISH CAGNEY, MORGAN CROWE
VICTOR PIKE, AIDAN BAILEY
FUZZY ANDERSON, TOM EYMARD REID

Answers on page 88

WORD SEARCH PUZZLES

IRISH RUGBY
ALL-TIME APPEARANCES

```
W Y S M Q Z N T Q D O L Y U R B F P L E
K O V P Q M Z N A H S S A D M R I H S B
T R E V O R B R E N N A N R D I H W H N
E E B A D N U V M O I I E B A A I C A Q
L N R M Y K O H L M J N O U V N X O H H
L O L R V A G L F E R U H G I S Z P B A
V J U P Y T M S R B K I X T D P L U X U
W O O U L K G A S F X N D F C I K X N U
B F M R S B E S E Y V C H L U L F A P K
L D B M F J C N U X N P F N R L V A A L
K Y J O K D E N N F V Q N L T A X K U U
R M T U H S H A N E J E N N I N G S L V
M A R K M C C A L L D A P S S E D R B U
E L N Q D V R X M I V Y M A I Y O R U O
W Q X N T X T U B X S Q J J R K S J R A
B I A K P G M I W J A S L I G J A V K M
U H L O T V B D R O S S N E S D A L E A
O D E B H Z Y N I N I A L L H O G A N O
M B R A K B S C P E K J Z I V Y Y B O M
O E I M F Y F R Z S L M K T B M J L D G
```

PLAYERS TO FIND

TERRY KENNEDY, BRIAN SPILLANE
DAVID CURTIS, MARK MCCALL
PAUL BURKE, NIALL HOGAN
ROSS NESDALE, TREVOR BRENNAN
SHANE JENNINGS, FELIX JONES

Answers on page 89

PAGE 33

WORD SEARCH PUZZLES

IRISH RUGBY
ALL-TIME APPEARANCES

```
J O T K S K U L X E D O Y C G H R K U W
V V F N H G D H P W N C H Y D H Y S X I
O F Z O Y P X V U L H M Q W G Z D D A L
M E S P D F O K C N L V P V U I O T W L
O W H A H Y J L I W A H K W F B Z A D I
X G T T M Y C U Z J U T O M B G Z Q Z A
X W Z O S U D V W A R C H C S G G X E M
N W U M Q P E U R M E K I A A X L C H F
S J I M G A N L Y E N L H F N J G H M B
Z A F Y I T W E C S C H V D B W S W W R
U M B O P R H P E A E Y P P W B H G B O
N E E D R I V N W L M Z P R N Q M I T W
Q S J O P C E Z F L C P P F N R V A T N
P L F N H K S X C I M D B C V Q D D I E
N Y V N W S G C N S A Y U E V O O Z K X
W T R E V T A N V O H U Y R L S X U K N
J L Y L Z O G L W N O L K S Z L K D W F
T E R L S K S M F H N K Z P Q I N P D E
J I R O B E R T W O O D H U G H E S C L
L W O I O S N M L Y V Q J Z P E A Z E H
```

PLAYERS TO FIND

TOMMY O'DONNELL, NATHAN WHITE
ROBERT WOOD HUGHES, JAMES LYTLE
JAMES ALLISON, SAMUEL CAMPBELL
PATRICK STOKES, WILLIAM F BROWNE
JIM GANLY, LAURENCE MCMAHON

Answers on page 89

WORD SEARCH PUZZLES

IRISH RUGBY
ALL-TIME APPEARANCES

```
R B Z R X C E O F T Z B U W U N K O N G
S E Y F P K H R V M P X M K P R L W Y A
P R M R P S K A Z Z T Q T E A V Z L U U
Z T U W C O A C R R Y I H P T J J Z V M
M I K E H I P W E L L U C W R Q A N G P
Q E B B I U X A P X E L C B I Y B L O X
T O C R K K H T I I F S I Y C D Z H Q M
Y H Z A J E K G Z M X X B T K O E T Q H
T A G P K O F G U I Z L S E C L S J R T
M N U A L L D M N O O R L K A X J A W P
U L M D R J O H N S M I T H S M Q M K S
W O C D G R E S J S S O C I E S I E K C
I N C Y Q E U E R S D A V I Y K M S K R
G A A L J U Y I F L M H U F W Z W B H C
F Z T A H R W N V N F A D Z L I U R G Z
A M O W I L L I A M M C K E E H J A Q E
Z X E L W Z Z E V T G T D L S C A D J N
E E T O U J S T D N O F V M I U V Y I P
H T R R O N N I E L A M O N T R W F E J
S S E I N W A C B C F W J Q D B I K U A
```

PLAYERS TO FIND

CHARLES BEAMISH, BERTIE O'HANLON
WILLIAM MCKEE, JOHN SMITH
PADDY LAWLOR, JAMES BRADY
MIKE HIPWELL, PATRICK CASEY
SEAN MACHALE, RONNIE LAMONT

Answers on page 89

WORD SEARCH PUZZLES

IRISH RUGBY
ALL-TIME APPEARANCES

```
L Y U H I E J W R F F J O W O F F Q L K
X Q W W J N U V W P J K R F O R Y W J P
M M S I F D Y G D L F W X Y W J M H O V
C L U L O J M H H N O E L F M U R P H Y
V N D L Z F Q J Q D Z S S M X C J B N I
Q A R I L N I T H V W K U Y D F X A N W
D T Z A L A F R O S S B Y R N E E S Y O
H S K M U P I E O J L F S M Q R V I O H
F K S B J U Y V F B V M U Q O U J L C J
X P U Y C D U X Y S E N S O B J S M O K
T H A R V N P S R L Q R M M N O H A N U
S J A O B H D R N S N Y T H L Z V C N B
J O H N F I T Z G E R A L D W L M L O L
T N P Y V U E X I R O B S A U N D E R S
M R H J R Y V I E B H L G B T N I A I F
D T W J V I C T O R L E F A N U L R T A
A C N G C K E H D F J A A G Y U B O A T
V E B E S T G Q P R L B Z T Q G G D P R
S X W A H B S T H B H I R V Q Y W Z X V
N V T O Q R D K H K A S R K H W Y D T D
```

PLAYERS TO FIND

TERRY MOORE, JOHN FITZGERALD
ROB SAUNDERS, JOHNNY O'CONNOR
ROSS BYRNE, VICTOR LE FANU
ROBERT DUNLOP, WILLIAM BYRON
BASIL MACLEAR, NOEL F MURPHY

Answers on page 89

WORD SEARCH PUZZLES

IRISH RUGBY
ALL-TIME APPEARANCES

```
F M F B Q L O I V O H F S W Q T L S J C
Z Z P B X U H Z U N F O U T F Q B X Q A
I F O H V B X E V G Y G H S G F X E E V
E P N H I T K Z R J C K E L L Y A R N B
J U U L C I F V R X C D D R N P Y G C M
Z S W T O V W S O R H Z W O B Q Y N P V
O K E Y L X M U B P Y J A B G X B L A Z
R J M I I M R H E V T G R I E N B C T D
J D E Z N O I Y R F T H D N O E A F R D
Y K X U P G S Q T P J O L T R I L W I N
T Q Y L A V J Q A G J U I H G E Y M C W
A M Q F T D L M L D O X G O E J J S K V
K N T P T V N S E V C F H M N O V W B J
R O X D E F Y I X D O R T P O D Z J E F
Z J J W R H P T A A N Y F S R D M F R I
K T H V S Y U I N U N U O O T Y G T K D
K J R T O P A D D Y O D O N O G H U E J
U F Q N N J L I E H R F T D N I S K R L
X X O O V W F B R E N D A N F O L E Y E
B L F K D C D F J I F T R A S W K W M Q
```

PLAYERS TO FIND

EDWARD LIGHTFOOT, JJ O'CONNOR
ROBERT ALEXANDER, GEORGE NORTON
ROBIN THOMPSON, PATRICK BERKERY
PADDY O'DONOGHUE, JC KELLY
BRENDAN FOLEY, COLIN PATTERSON

Answers on page 90

WORD SEARCH PUZZLES

IRISH RUGBY
ALL-TIME APPEARANCES

```
O Y A D E K Y U M N L D T M Q A A K D C
C G O B Z H Z T J H F S A N B P P F A R
O G B R T A I J Y M J Q Q N H A F Q N O
S J M N Z S D L B Q P T A N T K D W L B
K M U J K I G F R B V Q C I T U Z F E E
M W I G D S P N Y F S J T G P Y O N A R
B F T F V G V G J D G W X E X M I H V T
I I R J H D B X T S X G L L E P Q W Y E
M B C T L J N D Y R Q Z C C L X V R Q D
L X J R J I U A H A M Y A A J B T G T W
U V E B Z U N K P M C U H R W W F Q Z A
H K E N N Y M U R P H Y G R F C S H T R
D J B F L U K E M A R S H A L L Y H P D
G W D A R R E N C A V E D B V M K X P M
E Y T I X M D P G S K J T M B R B N K C
X Q T H M I X W Y S V J E P K R A D Z L
Z J O H N C O O N E Y V Q F L M O X V E
T V M A I B N G W W M K K B O L U I G A
R O B E R T B E L L W A L K I N G T O N
U J V A N B N P G L H V X K C C C F V B
```

PLAYERS TO FIND

NIGEL CARR, KENNY MURPHY
GARY HALPIN, DARREN CAVE
DAN TUOHY, LUKE MARSHALL
DAN LEAVY, JOHN COONEY
ROBERT BELL WALKINGTON
ROBERT EDWARD MCLEAN

Answers on page 90

WORD SEARCH PUZZLES

IRISH RUGBY
ALL-TIME APPEARANCES

```
O Z D I B G U I Y V A I O W Y V T E W Q
D G E O R G E K I L L E E N X Z O R I J
K N A Q I B H H F G E A R G F Z I N L W
L H G J V J D E D U X N G J O A Z Z L H
T X O T G E Z X O A A D I O Q H O N I E
I P A H O H K Z O D N R W S L F G B A S
F G R O Z L B P T G D E R W L K S I M M
T W Q M P Q X A Y Z E W L A S W U J J K
J T U P Q M I T H E R C U L E S K N O X
D J P S P C C R O J J L J L D W S R S B
K A V O P Q D I U F A I V A Y C R S E J
X Y R N U F A C J J C N G C A N N J P P
P I W R E C H K Z J K C X E F Z J N H Y
O R M O K J F H M K S H L C M R S B S T
U B C B E T H E L S O L O M O N S U T F
P N C I X P L A J N N A M U W M K U E P
O D D N D D F L W U S K O Y P D D X W O
I I B S R O B E R T W M O R R O W P A O
U Y W O Y K Z Y H Q E H H E G X Y R R C
K Q H N F E W L Y X I X H E C S Z Z T I
```

PLAYERS TO FIND

ROBERT W(HITESIDE) MORROW, ANDREW CLINCH
PATRICK HEALEY, JOS WALLACE
THOMPSON ROBINSON, HERCULES KNOX
BETHEL SOLOMONS, ALEXANDER JACKSON
GEORGE KILLEEN, WILLIAM JOSEPH STEWART

Answers on page 90

WORD SEARCH PUZZLES

IRISH RUGBY
ALL-TIME APPEARANCES

```
H Q A V K B W Y A M Q G U W N L A Y H C
Y P N D Z Y O E S M M S C Y C P F F S X
D C K I U J F Q Y O J K R Y S R C W V M
M R F O A M I C K Q U I N N Y D V T X M
G U F J Y V F F J Q T Y A F D D B A E I
G K M I J G L M W V I L W F J W B I O K
F H Z W M I C H A E L E G I B S O N M E
X N G O R D O N H A M I L T O N F S O S
L C L Y X A Z O C J L X L Z Y M Z J X A
M K P A D D Y M C G R A T H J B E V O Y
V S E K X P L H V H A R R Y S T E E L E
D N X A U O K J U Y G V N P K C G J N R
W D Z A C V J M G N G W D F U E L V C S
H L B M F R O B E R T A G A R Y N O D O
N O K L P J R N U P U E I D K T N O G T
M M I C K F I T Z P A T R I C K Q C U I
V U I B R F M L R V Z S W K N V C R Q G
H Y H Q S R J H V R X L U C Q U B Q V P
D I R I L B R D S X J Z L O A W N R I A
V E Q Z Y N X U U T U M W B C Y H Z E R
```

PLAYERS TO FIND

MIKE SAYERS, COLM CALLAN
ROBERT AGAR, RAY HUNTER
PADDY MCGRATH, MICK QUINN
HARRY STEELE, MICK FITZPATRICK
MICHAEL E GIBSON, GORDON HAMILTON

Answers on page 90

WORD SEARCH PUZZLES

IRISH RUGBY ALL-TIME APPEARANCES

```
G Z C I Q L F C Y C F V F C B I W K A L
E E C N Z N V V O X J H H Z B V I A V P
X A C O V N T S H E N R Y N E I L L O L
G I R W H Y R D L C R A I G G I L R O Y
C V V P Q E P U X W E G A N U D I L B P
H A F U H J H P R L A J A C K C A R T Y
A J S O S U B K M K G S W V K M M F G V
W S V X B W L W A O F G J P Y A D J X R
W U N H U G O K E E N A N M U R A A B Ó
A P F A H J Y W E B T V U S E T V D H N
W D V T N F C U I I Y I Z Q R I I U A A
W R V H W V E N J O H N J O H N S T O N
B R A H V D Q S T M R D J Y H M N U M K
K S B E N J A M I N T U K E Y O L Z G E
N H S Y B J V L A Y I F R W E O U Y E L
R F G D A L C O D A U F M D F R C C L L
N A D F P J X A Q K P Y P R P E S L N E
G F T C N W Q J X I B Z X T G P L R U H
V Z C W I C J A M Z L K C A P Y W I I E
A E N V R A W B T Q J A G Y X P O E I R
```

PLAYERS TO FIND

GAVIN DUFFY, CRAIG GILROY
MARTIN MOORE, JACK CARTY
RÓNAN KELLEHER, HUGO KEENAN
JOHN JOHNSTON, HENRY NEILL
WILLIAM DAVIS, BENJAMIN TUKE

Answers on page 91

PAGE 41

WORD SEARCH PUZZLES

IRISH RUGBY
ALL-TIME APPEARANCES

```
X J U I Q S R L J U K F V V Q D J Q Y K
I R O E F H R R U L K J E M A S I D T Q
Z C F B R M A A E N W J W M S P Y T Y F
U Q B Y A A W Z Z L F T V C H Z I T S I
Q W E G N F O D C E V K P X Q W O O E A
B M N M K P A C I C N P U L E R T C A N
X T B T H T S A G M Y U E H M K B U M D
J I M S E A L Y R F U Q M T N D P U U A
W E R Z W J R M B H R O E O V U J L S V
H Z Q W I L L I A M T Y R R E L L G D I
X G W R T L U D G X H D J J P M Y W E D
N I L G T D G H C E O S X F W K K E E S
L N N Y J W A M G F M G L O Y Y I O R O
C W Y V N D A W J S A M U E L I R W I N
Y U R Z O N O H V N S Y X W C C C W N A
C B W V S E A F K I C D Z L O B L R G D
K C I N R Q Z L P B R Z B L M A U B V A
Y Z O F Q M P G L L E H J Y X L E Y R Z
O N L L X F Q E D E A Y V C F K T B M S
P F M W W M C C L I N T O C K R O S S Y
```

PLAYERS TO FIND

THOMAS CREAN, GLYNN ALLEN
JIM SEALY, IAN DAVIDSON
SAMUEL IRWIN, WILLIAM TYRRELL
TOM HEWITT, FRANK HEWITT
W(ILLIAM) MCCLINTOCK ROSS, SEAMUS DEERING

Answers on page 91

WORD SEARCH PUZZLES

IRISH RUGBY
ALL-TIME APPEARANCES

```
K I P A F T U M K T I K E W V T N K W Z
H L C H A R L E S V E S E Y B O Y L E V
N G E L B P U U I P T M U Q A F P C R N
F C G T R G Q G Z D N W A X U Z N B N U
B H E R I P L T R R B E T I U T T L E C
J O U A A N F P R G L P V S U D O Z S K
O V J O N M U A P Y B R I A N S M I T H
F V F K O E C G L S Q Y H U N B C P S Z
I A E R M V Z J J G A U X F X C L O T W
T U L O E A U G O O C J I J A E A F R R
Q B U T A D O D U H H V T Z Y U N Q A G
W I J E R T M E N J N N Y B V S C G T R
V L Y C A G E O R G E C R O M E Y V H C
H E D J Z T Z Y R R O C A O Z Q V M D A
A W L A E H C S Y A V X D N B A I A E V
Y N Z S E Z E A F O N R K Z T B V C E L
E V K C R U Y A B L L E W W X R I J N G
B D V T V B S K V P P S S C T L E E Y F
X Y E D M A U R I C E M O R T E L L P Y
Q T O Z E I Q I W T U Y P K A J K G L Z
```

PLAYERS TO FIND

CHARLES VESEY BOYLE, FRED MORAN
GEORGE CROMEY, ERNEST STRATHDEE
MAURICE MORTELL, JOHN ROBBIE
JOHN CANTRELL, TOM CLANCY
BRIAN SMITH, BRIAN O'MEARA

Answers on page 91

PAGE 43

WORD SEARCH PUZZLES

IRISH RUGBY ALL-TIME APPEARANCES

```
K V V H S Q D B G O P Q F F S L H L U L
X U F V B D D I O T G N Q Z U F Z Z X O
J W D F J O H N W I L G A R T A Y L O R
W L M L A L W T L R A X Y Z V Q Q A F P
H O H Z M W A Z Q K W A S L J X L P U P
I K O R I A M U H O R Q R A J Y O I Z R
Y B H V S Y F V L V E A V A O W A H Z M
K B B H O W Q R X V N T A K H I J H Q M
M B E R N A R D J A C K M A N L J M S Y
J H Z J G L N Y T Q E Q U H L L H Q F Q
X N B J I K A B G O B U U L Y C D E O J
Q N P B B I D C B R U U R X T O G E Z T
D T C A S N O Z I C L S X C L N T E P B
V O C H O G D T R P G B N V E N V G S C
U B O B N T Q S A E E Z K I L O X E A J
X C S V P O J G E O R G E S C R I V E N
E X W Z A N M D B N T D B K P S C B E C
Y J M E R E D I T H J O H N S T O N U J
D W U I K U L A D Y T O W S Q D S B E O
Z A R T H U R J A M E S F O R R E S T R
```

PLAYERS TO FIND

BERNARD JACKMAN, WILL CONNORS
JAMISON GIBSON-PARK, JOHN WILGAR TAYLOR
GEORGE SCRIVEN, MEREDITH JOHNSTON
ARTHUR JAMES FORREST, DOLWAY WALKINGTON
JOHN LYTLE, LAWRENCE BULGER

Answers on page 91

WORD SEARCH PUZZLES

IRISH RUGBY
ALL-TIME APPEARANCES

```
P C X S T S N N L T R T X U S J W I M T
Y S J A J S C X V M R H K W K Q P T Q H
H I D A G P C N E S X V U E D L H G C O
N T Z Q U R B U L G W N E D Q F D A D M
B H V R C K G F Y E Y Q W D G L A C J A
M E F Q R O O L Z G B M E W Q Q R N U S
F O R O D L A Q P E I D R H U S C P T A
L D X T H I Z L K R L U Q K O J Y P J R
S O Q G I V K O H R L R E K H Z P G U N
M R G V Y E W Z Y Y C S O O W W A E G O
S E E V Z R D U K D U G X M L X T F K L
Y P P A Q P H O S O N Q X O U L T S K D
R I R E C I J N R R N K B Y A P E H F H
W K O P T P K B Q A I O Z D N Y R P D A
O E I E J E J H K N N T P S K B S J V R
J A P L I R C W C H G U J K B V O R O V
R J O H N K N O X T H O M P S O N D U E
J V S T Q F A U C H A R R Y C O R L E Y
Z X J H E R B E R T M O O R E J R U F Z
N C P N G I A K Z Y F O B A B G H A Z R
```

PLAYERS TO FIND

GERRY DORAN, BERTIE DORAN
THOMAS ARNOLD HARVEY, HARRY CORLEY
OLIVER PIPER, HERBERT MOORE
D'ARCY PATTERSON, BILL CUNNINGHAM
JOHN KNOX THOMPSON, THEODORE PIKE

Answers on page 92

WORD SEARCH PUZZLES

IRISH RUGBY
ALL-TIME APPEARANCES

```
L G Z O S Y Y L G J O N H F M S U W Y W
T G E T H H E X E K A G Y J D I Y B M D
Q J S C D C H A R L E S J O H N D I C K
N O A R T V Y U L Y Y V O S T A Z Q R Y
S J U T N E H U B B Q W G E D S J E N G
T Q T Q T Q M N R J L Z K P E M I D O X
B W M R Q Y I H I L J A K H S S P D P G
L T L O E Z K G A A Y H E G M A V J B V
E M S N E V X I N N X Y M A C G T G B A
K U R S Y S N X R P P M U S K W N J L I
M A A Y O N D K I K K O G T I N E Q N E
B N U X G U G D G L J Y P O B W P F J Z
J D L Q A G U R N N X A J N B H M K L J
Y B I H C Q C R E B I P P P I Y C G E A
L E D C A S H A Y D E E R I N G G N Y S
C J J T W V A Y P Q V X C X S A U U O R
Q F C O Q V J H A R R Y H A R B I S O N
V F H H Y O J O Z H S X F N O R R Z I L
G Y O M D H M W R A L P H K E Y E S H N
Z V T Y N Z V Q I S H O N X L H W I E C
```

PLAYERS TO FIND

BARNEY MULLAN, DES MCKIBBIN
JOSEPH GASTON, CHARLES JOHN DICK
EP MCGUIRE, SHAY DEERING
HARRY HARBISON, RALPH KEYES
BRIAN RIGNEY, NIALL WOODS

Answers on page 92

WORD SEARCH PUZZLES

IRISH RUGBY ALL-TIME APPEARANCES

```
H W I M F L H M H M E G E R I V F T M D
R G R E T U J C N U M L T G K Z U K V F
G U E J A L L E N C L A R K E Z K Z R J
K E D P U S U T D A E E S L B E Z M Z S
M Y W H I B V X G D W W W S T U C A S I
F J A M E S T O P P I N G R T Y M J U P
R K R E C V W Z S M T E B B T D T W L Y
X D D M L X I A M Q H H H T Z O L X O L
D N W C U B A S B I J Y A A Q F L U H A
P G A I E U C D P E O F R S L Y H E N R
Q J L I E V D T J P F Y B W L V W N R N
V Q S F H J K Y T O M T I E R N E Y F W
L B H I K B U E M M E T B Y R N E Y D N
U K Z W U C O S U E E C T T S E B K M N
H K G Z K Z E Y R R B F W H S X B C S R
K E V I N M C L A U G H L I N B O Q M F
G B R Y A N Y O U N G W L D T W H Z P G
V D O J O H N W A I T E S L P W V K W T
Z H V A W Q C I S K Z Q Y B S N N V Y V
T F G A X U N Q D U G D U S F Y A L H C
```

PLAYERS TO FIND

EDDIE HALVEY, ALLEN CLARKE
JAMES TOPPING, TOM TIERNEY
EMMET BYRNE, BRYAN YOUNG
KEVIN MCLAUGHLIN, JOHN WAITES
EDWARD WALSH, JAMES MOFFATT

Answers on page 92

PAGE 47

WORD SEARCH PUZZLES

IRISH RUGBY
ALL-TIME APPEARANCES

```
V B O J Y G Q C B U P T P B J Q U O J W
N G G O L T T H O M A S L I T T L E P I
G R V H X K G A E J W J P N T W T I T L
Y H Z N Q W K R M S O H L H A P Y B L L
I G K M T L Q L N L J T R T C B R Q F I
M H D C I U U E Z K G J E W Z S B V T A
R M H I O C M S J X Z I T N G C S S P M
M P V L B I H M O N I U G L Y Z B O T D
N S H W X U Y A S C P T D D I N Y J H A
T H O A Q S O C E J K X A I L W G V Q V
M V L I P G G I P L U Y E U Q Z T L R I
T A J N L W Z V H S G Q L L Z J D U H D
P M G E J Y X O J N R A N C J D M V D D
T A P Q Y N G R A H I J R O C H E B L O
H D Z A J N L F M C A Q P R H K Q W Y H
A F Y A H M X N E R L K T F Y O A G L E
U C T T H O M A S S T E V E N S O N N R
Q D Q C Y R I L O C A L L A G H A N D T
B M E N L P Y U N Z G B K A D U F M I Y
Y A M X M P I W P N C L J C H X F Z S Z
```

PLAYERS TO FIND

JOSEPH JAMESON, J ROCHE
LUCIUS GWYNN, THOMAS STEVENSON
JOHN MCILWAINE, THOMAS LITTLE
MICHAEL GARRY, CYRIL O'CALLAGHAN
CHARLES MACIVOR, WILLIAM DAVID DOHERTY

Answers on page 92

WORD SEARCH PUZZLES

IRISH RUGBY
ALL-TIME APPEARANCES

```
S G H V R W L M H Q P V T D B S T Q P Z
O Z W E N J O S E P H C L A R K E S E D
O A E G E O R G E M A L C O L M S O N P
T W M T Q H T S U O S A R O P N L F S E
X Z A B W N W I L L I A M C O L L I S Z
T T R J C C H Y R H Y H M A E C W J L Y
B V N B G H O H H P A M M N Z Q A C T T
D A E G R R K V R O B I N G R E G G X L
B K Y C P I L J I S Z O Y G V S F L B N
H M C E I S I G J G C J T J F G Q Z D V
M X U F Z T P D D C G R C W Y A Y P E E
C J N S D O T I M O T H Y M C G R A T H
T D N S J P C T Q Z N S H G R X S N W N
S I I B B H R Q E N I I V U A C N P L S
T U N M Q E N N D S Z U P H D F B I Q K
B R G B B R C Y E A T U F N Q U Q F E Z
S J H L X D O N A L S P R I N G F U X I
R K A Y B A N T H O N Y C O U R T N E Y
F P M S R L L D O T Q Q W H P T S Y F I
Z Y B Y G Y I Z T E G U T L N G Z N F N
```

PLAYERS TO FIND

ANTHONY COURTNEY, JOSEPH CLARKE
WILLIAM COLLIS, GEORGE MALCOLMSON
JOHN CHRISTOPHER DALY, ALBERT MCCONNELL
ROBIN GREGG, MARNEY CUNNINGHAM
TIMOTHY MCGRATH, DONAL SPRING

Answers on page 93

WORD SEARCH PUZZLES

IRISH RUGBY
ALL-TIME APPEARANCES

```
D J F L X T Q G S X G O U T M H T Y E H
A E V M T X T X L G H R O X W G H Q U S
X T W I L L I A M R U T H E R F O R D I
D N H U F G I Q G M V H E S H W M L E O
D V F A T H O M A S S H A N A H A N C K
G R Q X N V N F H O S B H F Z S S M L P
V Z V W H T D Z T A I E T X C C R C A A
C O J V U S H N T N L R Z R L W A Q N G
K A P K K X U O B T E A O Q Q C N Y F E
E X D D U A G O I H O H M Z C A K Y I X
I J I M G L E N N O N C R S C E E N T Q
S R P G S O G Y C N V S U M O L N S Z N
L J T B B W P H P Y Z H R L T A L Y P X
W R O F L O N I S H H K L A M N Y T A E
Q I P P G J I M P O V C E H R D L T T G
P N E X W D Y J H R Y K X A B O E T R R
K C O K I Z B W S G N O N F Y R J I I G
W P M S W B O B C A S E Y G P I W B C S
Z I Q I I H S X I N K A T G K S H N K Q
H U G H C U N N I N G H A M K E L L Y M
```

PLAYERS TO FIND

JIM GLENNON, BOB CASEY
ANTHONY HORGAN, IAN KEATLEY
DECLAN FITZPATRICK, CAELAN DORIS
HUGH CUNNINGHAM KELLY, WILLIAM RUTHERFORD
THOMAS SHANAHAN, THOMAS RANKEN LYLE

Answers on page 93

WORD SEARCH PUZZLES

IRISH RUGBY ALL-TIME APPEARANCES

```
M M V O M G M G E Q K M Q H I H I T Y W
T S G F Y B Y H T K A C V W P J B N R G
M D R I S I W V X F Y F F F J E T F P E
P L H E M T Q H R T S Y G U C L S C K O
O X C F B C U F U W J O H N C L U N E F
L R V E L Y G F Z E O B A E C F H T J F
S K D T R C J Q S N F G B S N V I L A R
F B X T U W V G S X V N W X D H V V M E
B V Q C U P L N T K A Y X M W A G P E Y
L L E W E L L Y N C H A R L E S N A S H
P A T R I C K O C O N N E L L O Z A F E
I N Y O H N Y E O D W A Q C T K G Q I N
S E I J C B L A C K H A M S L M L G N E
B L U H U L U H G C X C N N I D H I L B
P V K X J W U Y I O R H V I B H O O A R
W G X C N G E M S T O W P S A X X N Y E
L V T Q B O W E R J W T C Q M F Z J O Y
Q B F E V I R R J D N H C Y Q U H W F N
X M I J S L Q T H O M A S E D W A R D S
M P I E R C E O B R I E N B U T L E R B
```

PLAYERS TO FIND

LLEWELLYN CHARLES NASH, TJ JOHNSTON
PIERCE O'BRIEN-BUTLER, GEOFFREY HENEBREY
MICHAEL WHITE, JC BLACKHAM
JOHN CLUNE, JAMES FINLAY
PATRICK O'CONNELL, THOMAS EDWARDS

Answers on page 93

WORD SEARCH PUZZLES

IRISH RUGBY
ALL-TIME APPEARANCES

```
K G C Q R E F P D T D V Q Z T Q V O P Y
Y S Z F Q D P E L C A V Z P D S Q F T H
M J R P R U O A K T V A K A P P K S C D
E Y E L A N M L B M I S C T U D P D A T
A J J F X L I L G E D P L R P E O V S C
H E N R Y O H A R A O N E I L L V X Z O
S B H G A P I N F X L O U C G D I X K W
P A J P W C G B V R O A V K O W C W Y W
K R G A P U O U I R U T D L I X T S K S
J I H D S N T C S G G S T A B T O S A E
B L R D D N L H H B H E D W A O R I F C
E W W Y A I Y A O L L Y Q L M G H F E C
F P R M X N F N W V I H Q O H M E F M L
J O G A I G T A J R N O K R V E W T C F
H B K Y Y H K N Y I B L M F K U I R M V
N O K N U A M C B K K D N E V L T R E W
E C D E R M O T M O R R I S R O T F F I
B G D J X B A O C W W N A V K Y Q C F R
Z W I L L I A M H E R D M A N H A L L U
X D W K G P A S A E Y P H G I O I T E I
```

PLAYERS TO FIND

WILLIAM HERDMAN HALL, DUNLOP CUNNINGHAM
ALLAN BUCHANAN, HENRY O'HARA O'NEILL
DERMOT MORRIS, PATRICK LAWLOR
VICTOR HEWITT, PADDY MAYNE
DAVID O'LOUGHLIN, ERNIE KEEFFE

Answers on page 93

WORD SEARCH PUZZLES

IRISH RUGBY
ALL-TIME APPEARANCES

```
L O K E M J Q B D Y J W X D C D Z B A Q
Y E E Z Q O U A H B L P K U A K L S R T
I C Z N P D X P K F X L Y D J B N V I C
H E V M X W R J L I F L T L I M L K C K
R Z A C I U W B H O L Q I E B S J C H O
Y C H X M H I K G P C G Y Y M R W L A Z
O Y K W O V L Z Y C O X M H F B J Q R V
J E M K J E L N D G S K A I C J D U D X
O G E I N T I Z O T Y E E G J O J Y C A
J I M M Y D A V I D S O N G O H T Q H D
D M M C V B M V E V K Z W I Z N T A A Y
A S V W V V O K L E A E T N I M R W M G
L Z R K E N N E T H H O U S T O N K B B
C R O N N I E H A K I N N M Y R V S E J
Y H D E N N I S H I C K I E E O P J R Z
A W X U H I L B A X U X B W D N N T S L
Z C P X Y E L J Y A C B N X V E O K I R
Z J R B R E N D A N S H E R R Y S J I A
E S O W Z O V F W E N U C B R N V G F A
N A Y I R N M O J T H T G W U L U B B N
```

PLAYERS TO FIND

DUDLEY HIGGINS, RICHARD CHAMBERS
JGMW MURPHY, WILLIAM O'NEILL
KENNETH HOUSTON, BRENDAN SHERRY
JOHN MORONEY, JIMMY DAVIDSON
DENNIS HICKIE, RONNIE HAKIN

Answers on page 94

PAGE 53

WORD SEARCH PUZZLES

IRISH RUGBY
ALL-TIME APPEARANCES

```
O T A C W B U K Y C S M N X J O V X P O
E O U L C V B C D B H N D B B S I O Q M
N L G V W Z M D M G C R J R T D I M Z I
D R U G U Z R J R O P K M N E A Z F J C
E S S H O Z Z J U Z L R P E U Z T P T H
F X T J S L E N I Y O B U D Y Q J M J A
Z Q U E K E S X Z A F R C B T P R W K E
U C S V R M A T T M O S T Y N S O U G L
A K M H A A V I C L A C K R I B F M S F
L Y W V F E Y J X O V H R N S G C K D I
J O H N C H R I S T O P H E R B A G O T
D H I P Z Z J A M E S T R A C Y K J Z Z
I P T P M B A T W I Y H P Y A W L Y C G
M Z E B K S M T Z Z F X X W T L N M G I
V J S U L M E C K I U Z M M D G W R X B
N L T I P P S W Q N W V Z M E V C L U B
B C O D B I L L Y B U R N S Q A X Q B O
K E N N Y H O O K S Y U M M B Q B E V N
Y C E E Q F W N D Y P G K W P D K B I F
U N G N T I E R N A N O H A L L O R A N
```

PLAYERS TO FIND

NED BYRNE, KENNY HOOKS
MICHAEL FITZGIBBON, MATT MOSTYN
TIERNAN O'HALLORAN, JAMES TRACY
JAMES LOWE, BILLY BURNS
AUGUSTUS M(AYBERRY) WHITESTONE
JOHN CHRISTOPHER BAGOT

Answers on page 94

PAGE 54

WORD SEARCH PUZZLES

IRISH RUGBY
ALL-TIME APPEARANCES

```
U T G Y D P N A B A W S H Z F Z G E Y C
J U N P J E F R T E Y R M X Z L B K X U
G V R O B E R T M O N T G O M E R Y N V
X Y L Q R Z E H D S S L H T E J O H E X
T K L O K N D U Y T W Y U B M O Y C O O
W P D T N T E R B G J P R O S S Z B Q G
G M C T W N R W K B H N K M X E U B I R
F N W I L L I A M W A T S O N P I K E E
E Q S S A D C L G Q K I L M I H M Q L S
H P K S N G K L J E Q S V S S C S O T N
L B Q U K T D I S G S U Q Y C H X E K E
P Q J Q D M A S R O J I N J I A N Y R T
R Z X K Z R V H R O W D Y W I M G H M L
N C C E D K I L Y K H L X J K B T V Z F
K Y H Z E Y E I V T Z O V B C E G W W Z
V H A R R I S O N P U R D O N R O O O P
Y F R A N K S T O K E R A S F S K E L K
C X W A R M S T R O N G W A L L I S C W
I F D L I E U J J K K P F J Q N N T A K
Q V I I Z M S Y R H O M Y Y F X Q L R R
```

PLAYERS TO FIND

HARRISON PURDON, WILLIAM WATSON PIKE
W(ILLIAM) ARMSTRONG WALLIS, DANIEL ROSS
JP ROSS, JOSEPH CHAMBERS
FRANK STOKER, ROBERT MONTGOMERY
ARTHUR WALLIS, FREDERICK DAVIES

Answers on page 94
PAGE 55

WORD SEARCH PUZZLES

IRISH RUGBY
ALL-TIME APPEARANCES

```
J L C K T T M J P C N H O M R E C J M W
K A F A G M R A T D C B P M J J Z T L K
I R L J T Q F N U N G W Q C B T K R W S
Q J F P T Z Q I I R Z Q E F N Y T R A V
K A H P V S F M U D I A Z W B R M G C C
F T Y M T K N Q P J B C J S J J Y T N P
H W L B T H O M A S G R E E V E S W N M
J Y C V O P I D O M T G V L V Q O M A G
X X A J G W Y G I E L L Q R A R P C R M
K Q M Y L E S A B R A H A M B N V B T O
S J P Z Q E B M A X I H C R W T D X H M
R J B P J I M W H E E L E R O C H E U D
F N E K Y T B B B G C T K T B T X Y R H
C U L L F L W I R O L X S P V B B G D S
Z H L O E T H O M A S W A L L I S L O G
F I R L Y V E F W R C R D P T C M U U Q
B S O I E G V B B L G A B E U U F T G M
A X B M Z H P R Q M G O A B Z O M I L F
W V B G L D H A R V D N I W Y V H B A O
H Q U C R N I U M K F B M R M P I Y S F
```

PLAYERS TO FIND

WALTER BROWN, GEORGE HARVEY
CAMPBELL ROBB, MAURICE LANDERS
THOMAS GREEVES, MYLES ABRAHAM
JOHN MINCH, THOMAS WALLIS
JIM WHEELER, ARTHUR DOUGLAS

Answers on page 94

WORD SEARCH PUZZLES

IRISH RUGBY ALL-TIME APPEARANCES

```
T C W A G B F M C J M Q I F H E S U G R
F E A S G H N T K P B X M D C T W C R P
H I V V K I A W H P P Q D B P P C E T Z
O L B N I P D F C O H P S C Q C J X I E
I R O W L A N D B Y E R S Y H O G Q M V
Z E D W A R D D E V E R E H U N T K T L
N R M Q R J S B W H G I N U G M E U U T
H N Z O M R S H T X W U T X H U Y F N X
K E V I N Q U I N N V S R P M R X Q G K
O S N Q Z R W N T L W T O Z C P W H T V
F T T V O L Y E X A V P Z M V H C E V R
T R D X A E B H G J A H A E I Y R O A O
Z I W H K E U R L K P Q E B C N H I S X
X D G S J O U X M M O R D S K I H O L N
G G E O R G E P H I P P S U E R W B S N
O E K D F V S Y R O B I N P R A T T I H
J W S I N C L A I R I R W I N U H I E K
B A M S I D T G W H W M C U C X G A F A
V Y A J U G Q V S U L O Z G G D F I Z N
X Y H S C G T T Y W L A T C H J J R R L
```

PLAYERS TO FIND

HUGH MCVICKER, ROWLAND BYERS
EDWARD DE VERE HUNT, HAL WITHERS
ERNEST RIDGEWAY, ROBIN PRATT
JW SINCLAIR IRWIN, CON MURPHY
KEVIN QUINN, GEORGE PHIPPS

Answers on page 95

PAGE 57

WORD SEARCH PUZZLES

IRISH RUGBY
ALL-TIME APPEARANCES

```
U Y X D U N Q X V Z Z P N B O V F Z U M
I V F I E Y K O J E X J D J U W C M N F
N O N E T O Q E N P F F S H Y Y S P Y V
C B O Q B Q L D G S T T L O Z T I B O Q
I F B T Y S R W K V D N N R C L A W S D
D C M X U W M T B I L L M C C O M B E D
I F Q R A I N X A R U R I Y O G S L A P
F F U L N S L Y L O N W I G X E M H M R
Y N N F F L M F E G F L G F U R E A U O
N T M E Q H Z S U E M E T O U A Q R S B
P T W F K K B N G R D T A P F R C R K E
M G D G Z D V B G C F Y V P J D W Y E R
S T A I A N M C I L R A T H S R Y M L T
K N Q J B S T E V E N S O N R E J I L S
A J T M G G A X G G J M M D K I E L Y C
S A X P I V N T R G Q Z L P I D T L F O
L V P C O K C G U M M X P B I Y Y A P T
I A T D C P P A X A T A Y E E M A R P T
C R H Y I X R V V I Q D Q H B W G I Z B
I F Z C Q K J G W I I K O L G G H K S V
```

PLAYERS TO FIND

HARRY MILLAR, GERARD REIDY
SEAMUS KELLY, JB STEVENSON
PJ DWYER, MD KIELY
ROBERT SCOTT, BILL MCCOMBE
ROGER CLEGG, IAN MCILRATH

Answers on page 95

WORD SEARCH PUZZLES

IRISH RUGBY
ALL-TIME APPEARANCES

```
Y Y Z A B T Y K M J P W C Q P S Q M Y H
B F Z X Y D J O K T S M E G B U H Z P M
G W U R K E P O U H T R I O X Y F S Y B
B Y K K R C I A R A N C L A R K E T X K
Q A W H T B Z S T K G O H P S J P B U C
J X H H W C I X M N O W E M D X N D U Y
N L L D D X G P C F O Y N D J J S O I I
P O J A E Z C I Q E T Z R W N K W M Y D
Q C Y V R K C Q U J E C Y I C T X I Y Z
N V F E E N W O I O N R L Q I R M N B S
E I P H K P A U L M C C A R T H Y I V N
H L H E M G R G K K G R W A O E H C V A
I S F F C I C O I C O G R U L T Z C W D
J E T F G E B L N R C N E K Z W Q R E H
W R J E R E M Y S T A U N T O N B O B V
M T A R A Z A N H K S A C E N M R T J H
W M G N T K F J I F E E E F L L K T V S
O S S A H D K K J J E T C Q U B Z Y X A
M E H N W K R O D N E Y O D O N N E L L
J L Q V L E N V T O B W X P A Q U U N Y
```

PLAYERS TO FIND

RODNEY O'DONNELL, DEREK MCGRATH
PAUL MCCARTHY, CIARAN CLARKE
KURT MCQUILKIN, DOMINIC CROTTY
JEREMY STAUNTON, DAVE HEFFERNAN
JEAN KLEYN, HENRY LAWRENCE COX

Answers on page 95

PAGE 59

WORD SEARCH PUZZLES

IRISH RUGBY
ALL-TIME APPEARANCES

```
S F D X A B A G M G C B Z S R J C M A C
V V X D A V I D F R A N C I S M O O R E
W B E A F R E D E R I C K M O O R E H V
H X O N G F F K T T V K G H G H L Z E U
Y A K I A B G K G X X I H W V A T F Y O
R O B E R T N E L S O N S V D V T I Y Q
G B T L H E N R Y B R O W N M O R E L L
U O N R X R G C H A R L E S T I L L I E
G H K A H W H W Z I M P K M Z O M B I S
H I Z M F S M K U F R Q L I K L P P P M
V R S B K Z V K V A N D H M G S G U P I
H B J A M E S M C L A U G H L I N P X W
C C F U N Z C L Z W J Z A G Q A W J D U
X Y G T N T L K S B P V H I O W X U P I
U I E R N E S T H E N R Y G R E E N E L
S O H X W M G M Q T T Z E H S Z Q P J V
U X N X D P B L D I W K N P U I F J Y P
G E A L I S T A I R M C D O N N E L L F
L M V C I E G E Y D A Z Z N N E K S W B
C E U I F J J Y N P R Z C R O L R B H X
```

PLAYERS TO FIND

HENRY BROWN MORELL, ERNEST HENRY GREENE
ROBERT NELSON, DAVID FRANCIS MOORE
FREDERICK MOORE, MAXWELL CARPENDALE
CHARLES TILLIE, DANIEL RAMBAUT
JAMES MCLAUGHLIN, ALISTAIR MCDONNELL

Answers on page 95

WORD SEARCH PUZZLES

IRISH RUGBY
ALL-TIME APPEARANCES

```
N G U A S U R L B D M O H G L K T Z Z C
M C D E A I N S W O R T H B A R R K Q S
J Y Y V A F G F Z Y I T E S J Z O B R N
L G I S P T U X P C T L N D Q A Q B H C
H M C H L I A B L A H M R L H R Q D U X
A L R Z K J R J F E O B Y D E T Q E G T
V I R Q G S C F Z J M B M C D H F H H G
D I M G L E O K R Y A R I R W U T Q M D
X G I S W M H Q E T S R L J A R C L C V
B C Q W N E B K G W T O L W R M A E C Z
I E J H E N R Y J O H N A N D E R S O N
A Y O N B Z B C T K O J R A F A L Q U Y
O J U W A J J P I V R N R F C R R W L B
S L O W Y L U T T V N J W A A E Z X L
U B T H H T A D Q Z H O A F M S I K W W
C A K H W N B F E V I B A Q P N D J Q L
J S Q M O H G W E L L S T Y B L K G Y W
T N I Z N T Z O P P L H Z O E D M S Z M
C Q Y P V R G K N G L W L G L C I K H S
B D T J B V T L Q X L H G L L X D I Y E
```

PLAYERS TO FIND

HG WELLS, THOMAS THORNHILL
HUGH MCCOUL, AINSWORTH BARR
CARL REID, EDWARD F(ITZHARDINGE) CAMPBELL
ARTHUR MEARES, HENRY JOHN ANDERSON
JOHN MOFFATT. HENRY MILLAR

Answers on page 96

WORD SEARCH PUZZLES

IRISH RUGBY
ALL-TIME APPEARANCES

```
O D U X I C Q K B C M W L R A G Q B H F
L U W L L U A K G S I D U K K H Q A U Q
G U G V A Q L Y E O C K O I Y F Z S K C
E O M C E D F R O Z H N P Z W Z Q I U F
R B T L J L R F R V A W I B X M L L N E
K H F T D S E L G C E C G I K R C M G O
T T G C H E D F E Y L T S I R F V C E C
U N O B C U T M M R H L A C Y P R F O J
C D D V D U A T C H E D J E J Z L A R O
M L F L M Q Y Z C I F T G I W P W R G H
T A R I O O L P O Q F P N O L B U L E Q
E X E S V J O H N B E R M I N G H A M A
D Y Y P Q A R M N Z R R A J X M H N C E
X Z P K I C V U E K N W X X X X B D I O
F R I P I K P A L O A T J D K W P X L O
H R N B G P G E L U N G V C Y K E F D A
S S I S T A N H O P E P O L D E N L O K
L R O B E R T H E M P H I L L J U P W W
G Q N D Q R G Y Y F N I Q F W Q U J I K
K T F R Q K O I L R L E L F M C E A E Q
```

PLAYERS TO FIND

GEORGE MCILDOWIE, GODFREY PINION
ALFRED TAYLOR, MICHAEL HEFFERNAN
ROBERT HEMPHILL, GEORGE MCCONNELL
STANHOPE POLDEN, JACK PARR
BASIL MCFARLAND, JOHN BERMINGHAM

Answers on page 96

PAGE 62

WORD SEARCH PUZZLES

IRISH RUGBY
ALL-TIME APPEARANCES

```
Q Y K W L F D U D G E M X D A U H J M U
H F O V J J A U J N Q E I W P B S I A R
M U C M U H H N A V G Q J N M H J R T Z
B R U O A V Q L C P Z L G R K F V I T I
M H H N Y G D I K O D K K C R A M X H C
Q R X Y U I G V G M E I V G E V K O E S
F E V C V D O N A L S U L L I V A N W A
J L D A K L Z H G X K R G N H K T T N M
I O D D L J P A E S A O M J P K B K E U
H Z V X N O F R K N R B M G L Y W W E E
P Q A L P M K R N N O E L P U R C E L L
V K T N U D B Y X B O R A J O Q K K Y M
Q T A F D E S M O N D T O R R E N S I C
G V R C X Z L C V E W G S O Z O A T E V
I K D S C J P K P Y G R C J G L E A G I
F D D W T N U I J I W A A J Z A V O W C
G Z M B D Z Q B B D Q Y X B O T S R I K
T K W X K X I B J U M O G Z G G V J E E
F N F C E N U I P X X I T D I R R G K R
R Z V C E R I N N B V E K Q G F O N E C
```

PLAYERS TO FIND

NOEL PURCELL, DONAL SULLIVAN
SAMUEL MCVICKER, IVAN POPHAM
ROBERT GRAY, JACK GAGE
DAVID LANE, HARRY MCKIBBIN
DESMOND TORRENS, MATTHEW NEELY

Answers on page 96

WORD SEARCH PUZZLES

IRISH RUGBY
ALL-TIME APPEARANCES

```
J G L W O R G Y J K R Q A J C Q X F R F
P Z H K G L R G J K B S F C D V D U I E
M N S F X O J J A W S E E W Q Q O P D P
R J Z B Q D Z A P A Z A J L N X N N I H
T T E M J C S B L L W N K M J S A L T M
C N L M U H O G I T O Q S P X E L X V D
R O I X W Z N C J E H U H G Z E H T S M
Q W F X J O A L A R A I N Z B E I K P U
T E O D I B H V D B U N K T W P N C L D
F N H D V Q B C O O T L R R G N G U R Q
B I S L J H N C N R P A D D Y R E I D S
W R L R V M I H A N W N H I P H R V A R
J T O S A M H P L E G Q E C T B T E E S
D P D U L D E K D M G H I K Z G Y F J V
A R I S V P N P S A L G L R V M B K E D
H U B E R T O C O N N O R O P M R S F G
G P D L T D I J N N A G I C T K V M W N
C N J E R J X F W E V R T H R D V K C C
S D T L D W I L L I A M H E W I T T X K
O E I A I R S Y P E W B P F G G X Z M S
```

PLAYERS TO FIND

DONAL HINGERTY, PADDY REID
EWART BELL, WILLIAM HEWITT
DICK ROCHE, SEAN QUINLAN
HUBERT O'CONNOR, JA DONALDSON
DION GLASS, WALTER BORNEMANN

Answers on page 96

WORD SEARCH PUZZLES

IRISH RUGBY
ALL-TIME APPEARANCES

```
L X W S G O W V P R Q E K A P E F F D S
G V N R B J I E Y Y X W N Z B D R E W V
L X N E A D B J F N G P Z P W D A R G D
Y F M B R J C P X Y T E Q C S I W S J U
F E B I R S L I E V X I Y H Z E M I V N
F R J L Y B U Y G E I F O L O G T K H G
C U M L O E L N W I O F G Y Q R T E S I
H F R B D A A S L J G V N C D A P V J J
P L A R R Y M O L O N E Y R B N X I R V
Q C S O I U A J O H N F S E X T O N M P
R H O W S P N G D N I B G F J J G M J X
K T S N C E W S A M H U T T O N Q A G O
W A N R O C Y F Z A F W P N Z N Q Y J G
A N L V L N H P G C E I B I I S A S A Z
T M S M L F D A I D A N B R A D Y A G E
N Q W Y W C I Y W O C V T I T X K Y Q D
R X D O M Z U E Q N T U K L P J U Y K G
M Z R O N A N K E A R N E Y Z J W Y F G
K S V B H N W P G L J C J Y B Y R F B S
K D Z Y Z A S D E D R O H Q H T J L V R
```

PLAYERS TO FIND

AIDAN BRADY, SAM HUTTON
BILL BROWN, EDDIE GRANT
BARRY O'DRISCOLL, KEVIN MAYS
LARRY MOLONEY, RONAN KEARNEY
JOHN MACDONALD, JOHN F. SEXTON

Answers on page 97

PAGE 65

WORD SEARCH PUZZLES

IRISH RUGBY ALL-TIME APPEARANCES

```
R G K G D O S W W M S K S R K C R B N A
Y Y J W A R E Z T S T F X G K I R R I X
T K W M R T A A T J U N N N P A L I A G
Y S X Z R I W X K Z A T S N R R B A L Q
L M E B A R R Y M U R P H Y O A R N L H
V Y Y Z G X D A V Y T W E E D N E C R Z
I D Q J H H L H F J O K J B P S V A O A
X S A N O J S S B B L J B U E C Z R N C
U Z A K M R X B V D D J F F T A U N A L
C B V N A V H Y F M I C H A E L B E N T
X L O M H G H C H I N M M E R L L Y J K
Y J Y Y O B P R H E G Y H Z R Y A N N Z
R E O B N P W E Q U T V B T U S P A S R
X D X J Y W Q G D K O Z I B S T U N V A
W I V B F H E I T Q O L I H S G J P K C
I H Y U L M Q R M S B G G W E P D J V W
Y P E O X P M A T T M C C U L L O U G H
P Y G R B R E K K N T Y N K L P O Q S Q
R J I P T E W N T L M D S A E V O K A K
A X W V J W F W L H J Z M Y F G H J M N
```

PLAYERS TO FIND

PETER RUSSELL, DAVY TWEED
DARRAGH O'MAHONY, CIARAN SCALLY
MATT MCCULLOUGH, BRIAN CARNEY
BARRY MURPHY, NIALL RONAN
MICHAEL BENT, STUART OLDING

Answers on page 97

PAGE 66

WORD SEARCH PUZZLES

IRISH RUGBY
ALL-TIME APPEARANCES

```
J G F F P L I I V X E I U I A H L G F T
D R N A Z P R R X T K Y M A V L W L R H
O C H T V V I L W S T J Z B Q N W D E O
O L W N H P C I H P O S R R Y J J B D M
T L J S T X H A S K H F R A I F G S E A
G F A N V X A K O I V G V H S R F C R S
D H N M I R R P N H U Y D A T W E A I G
W I L L A D D I S O N O I M U Y D Z C I
B J W L L K G O L R F C N P A N B C K S
H E N R Y W A L K E R M U R R A Y J W B
M H E R E A L O Q E Z L P I T S R B I O
K Z A X G T B H I Q R D X M M W N A L R
K K T G V T R J S K Q T Z C C M E S L N
R B R A B C A S E M E N T R C M A U I E
W K G F C P I H I B E Q M O L O G D A G
N G U G F T T Y R S O J E N O G G O M O
R E R I B M H U E H E Y M Y S R F B K R
Y C M W Z M W G U A X S O N K R S K I D
B C M M M U G F R T B M B G E H H M D O
Q P H S K H C U Y W H D T F Y N P T D N
```

PLAYERS TO FIND

STUART MCCLOSKEY, WILL ADDISON
ED BYRNE, ABRAHAM PRIM CRONYN
RICHARD GALBRAITH, WH ASH
BRAB CASEMENT, FREDERICK WILLIAM KIDD
THOMAS GISBORNE GORDON
HENRY WALKER MURRAY

Answers on page 97

WORD SEARCH PUZZLES

IRISH RUGBY
ALL-TIME APPEARANCES

```
U D A F H K Z B M C W S E L O G T G X J
W F Q I B J Q W J H W F U P R Z X B G O
V F Z T H O M A S H A R R I S O N K T H
W S O Q Q H J T R S M A K C U V D C N N
D A U Y O N K B R A F N W S M F T H J B
I M K U V L D Z Q M Z C E S S X E W W L
T U Z U N O W J X A L I A X K Z R F J A
H E N R Y F R A N C I S S P U N N E R C
Y L E D Z T J L C D C K H S A Z Z C X K
D H C F R U F F F O U E L L S R R W Y E
L E W N J S V R L N U N E H B O O Y V R
U U U B Z C U E N A U N Y M U J R T U B
M S K X F U M D M L C E C L R G F Q E U
O T I P C P N M R D S D U K L A K T W C
D O C M R P M I V B Q Y M B Y K J V C H
C N W J C A N L V R I Q M Z M W R V A A
A J B J N I L L P U I Z I Y Z T J A C N
P Y G H L D O A W C A I N N O L F E Q A
P A Q V P G S R X E A W S J M U W K D N
W W P O L E F L E T C H E R T M H O J O
```

PLAYERS TO FIND

THOMAS HARRISON,
W(ILLIAM) E(DWARD) ASHLEY CUMMINS
JOHN LOFTUS CUPPAIDGE, FRANCIS KENNEDY
ALFRED MILLAR, HENRY FRANCIS SPUNNER
W(ILLIAM) W(ESLEY) POLE FLETCHER
F(REDERICK) SAMUEL HEUSTON
JOHN BLACKER BUCHANAN
S(TEWART) A(RMIT) MACDONALD BRUCE

Answers on page 97

WORD SEARCH PUZZLES

IRISH RUGBY
ALL-TIME APPEARANCES

```
G C U O V H U K W Q A X N Y D K Q K E L
X B X W X K F R W E B V C N Y Z R D K B
M L N M F R A N C I S P U R S E R J L F
P W B U W O A K R T E E X Q L B D N R P
F U Z A E B T L N Z C Z L O L N M F P U
V J T F K E L T P T U U M Z A J Y W X E
R F H P R R I H X H I S I Q T K E F L I
S H O K U T J F G K J Z B Z C P N R H N
I J M V Z B A M A L C O L M M O O R E C
M C A H C R S L D A J H H T O B F O N N
K H S M A A I H J F X F C N V Y G B R J
G L P F E D H W A N D R E W S F E C Y S
Q U E C K S P T F N O H D K A T Y N B Z
R V E D W H F K W P P F C U H X O N R D
V Z L J L A R R Q F G I X T L S S N A O
N U F D V W H T A K D B I R W B E X B P
H T O M M C G O W N W S K S H T P G A X
T L Y J K S D B H C K K O E C F J L Z X
B T V P A J H O M P Z S I W F B Q X O Y
N I L S X Z J S A C M B D U M A G J N R
```

PLAYERS TO FIND

HENRY BRABAZON, ROBERT BRADSHAW
JOHN DICK, MALCOLM MOORE
HW ANDREWS, RALPH JOHNSTON
THOMAS PEEL, FRANCIS PURSER
JAMES FRANKS, TOM MCGOWN

Answers on page 98

WORD SEARCH PUZZLES

IRISH RUGBY
ALL-TIME APPEARANCES

```
C O I R O K S O V G R O B M U C T U V D
L O C S Y H H B X T P L H K S H Y W P L
F R Z K H E L O V Z H V V Y B N L C P S
G D Q R C Q F H R U N E X F J Y U H P S
K T V S G X L U Q W J I E W I D F A S I
I O Z X T C X U U I H V K Q L Z R R H Y
S E Z K K C E C I L B O Y D K T A L Q W
P X I P Q V U W B L J U R Z I G N E V B
Y C E C I L M O R I A R T Y U Y C S C B
D E J B F D E D Y A Y E G S G W I F N Z
L J E Q Z P U K P M M G D T V E S I I L
L O R O S K O H J P N L R Q X D C T F O
L H C V W Q T H C U O L J U T P A Z Z K
I N A R T H U R F R E E A R Z Q S G M S
P F S E C L D V A D D H Z W G K E E Y V
Q E A H R S D H O O C J Q V S K M R D J
R R O B E R T S O N S M Y T H H E A R N
Y R S P E R C Y N I C H O L S O N L Y S
L I N Y E V M N N J Q D T H R Y T D T O
B S P U M Q L K A Y I O P W Z D S H W E
```

PLAYERS TO FIND

CECIL MORIARTY, JOHN FERRIS
PERCY NICHOLSON, CECIL BOYD
ARTHUR FREEAR, CHARLES FITZGERALD
ROBERTSON SMYTH, HAROLD SUGARS
FRANCIS CASEMENT, WILLIAM PURDON

Answers on page 98

WORD SEARCH PUZZLES

IRISH RUGBY
ALL-TIME APPEARANCES

```
Q N F T M V Z Q U V J F H R V W X L L J
F C P M Y L K J Q Z D R G R H C L K F G
X Z H W C A O H L D Q G X Q B P W F R S
N Y T U A L P A V S S Z P K S L I N E B
N M B J A P X R Z J G T K B M T L M D R
P Q L T W I L L I A M S M Y T H L E E O
P R P F R A N K S M A R T T X O I N R W
S A W G H H W I W E T X U K H M A D I N
P N T E W N J V D S A E W E P A M T C G
C I D R Q O T Y Q S Y J G M T S B H K B
J D N A I W P R J W A R C P G H E V M W
M W I L V C G N B E O U Z S C A A J C B
M M Q D D J K T B E U U W R A R T A C B
X B G B O K T S G N W L T P N P T G O F
G H K E L K M N M E F W K Y G U Y M R T
C S Z C R V G M D Y S S E S P R E A M T
A Q D K O V N J L H T N M W A R H H A X
A U T E T Y S Z T C O H R G R X J E C D
J I D T X X P I O J I U P C A L W U P K
G Z C T X D V S Y S F P P D R X I Z E Z
```

PLAYERS TO FIND

JAMES SWEENEY, GERALD BECKETT
FRANK SMARTT, THOMAS HARPUR
FREDERICK MCCORMAC, WILLIAM SMYTH
WILLIAM BEATTY, PATRICK SMYTH
GS BROWN, GEORGE HOLMES

Answers on page 98

WORD SEARCH PUZZLES

IRISH RUGBY
ALL-TIME APPEARANCES

```
R C A T C V U I G H N K C Q T O L R T Q
B K G J B U N M U V O U V J U V R O R D
N N W F G Y U U W F H Q Y K Q H V R S I
I I N L S S P T V Y X W Z Q D O O B D C
Z S P O N Y V K S M Z A W J U E Z K M N
J B Y X I L Q I H C T U O P I J Q T Y Y
T W E A J A L B E R T S T E W A R T J Z
W T A F R A N K P M O N T G O M E R Y P
V Y H O E O M P A T Y U T R G E C I N C
Q T F O M H B E E N H L A L T S Q E B P
Y J M L M A N J S C D N P F Y D V J W C
S O W L J A C J S T P R T K T I N Q M O
S H V Z O X S Y D S A U E R H C A S D E
A N N L S I E W J H P Y H W G K C R Z E
B D H E N R Y J A C K R L M T S W W Z W
J O Y G F M S J Y L F D J O J O G L T W
H W V F I D G C N S L M F D R N D O S Z
U S O D W E H Q O E F A P A J K D D X S
L E O K V I N C E N T M C N A M A R A E
G J Q O T S U V G U G O U E F F I G N C
```

PLAYERS TO FIND

GEOFFREY SCHUTE, ANDREW TODD
ALBERT STEWART, JOHN DOWSE
FRANK P(ERCIVAL) MONTGOMERY, VINCENT MCNAMARA
JAMES TAYLOR, HENRY JACK
JAMES DICKSON, THOMAS WALLACE

Answers on page 98

WORD SEARCH PUZZLES

IRISH RUGBY
ALL-TIME APPEARANCES

```
K A W V C G W B K X V W K S U V C D M R
K T W I S Z I B J K G G F S B I L O Q P
K T X F L V L H E N R Y C O R M A C W Y
N W R M Y L L I M D X V J X H G S A U F
S V O U D R I C V C M H G F M T T T E R
Y A B U L E A A W M Y U T E I W R K D E
I Y E P Q A M C M K T R N E V S U F S D
D Z R E C Q R S J S H W F D X O P V J E
W J T J G D O R D X O G X C R S R T G R
V Y M T K R C U U R M N U D U Y A S E I
U D C A A A H F B S A N I V P O A T D C
C V C X C B E H K Z S Z C J Y V L N F E
P C L P F L G D Z J C U F X C U N Y F Y
A J E E G U O Z X S O C K B O S R T C E
U A N D H L S Q D L R E T C A R E Y X B
T E A J O Q Y P Q E K X Y C B B G S A D
T H H M U U F K G T E R C V Y G N D N A
Z J A M E S T E G A N M K N N W K N H V
N B N J X B A N L E R K G Z Y Y I X W U
R Y J Z O B G T H O M A S M A Y N E F Q
```

PLAYERS TO FIND

HENRY COULTER, WILLIAM ROCHE
HENRY CORMAC, THOMAS MAYNE
ROBERT MCCLENAHAN, HUGH BROWNE
FREDERICK WILLIAMSON, JAMES T EGAN
THOMAS CORKEN, EDMUND RYAN

Answers on page 99

WORD SEARCH PUZZLES

IRISH RUGBY
ALL-TIME APPEARANCES

```
W R M M D S C N T L O Z M Q G X C G L P
H K N E Q T S G M M G P S F U P H X O B
B M S Y F N P W R B H S R H S E Z I U S
M W S K M Q B M V V T S B Z A A E D I O
L I R A J A M E S G R Y A N X A E T S E
T O I Z O A A U G U A J R A V C R X C S
R T D Z H R C A I S R C P Q I U N A R U
W V J H N C H K M H X M V S C X L U O E
Z R N D H H A M M O P Z G R T L T B W E
W B X G A I R J K O G G U Z O E N H E S
P P U F R E L X K B N H F R R E S Z O M
D Z K V P O E Q B I T T R C L Q F A G L
H Q O E E L S V E R F A E K Y W Y V U I
J A Z R R E T J A X C R X I T H H V E O
L Z Q Z J A E U Z Y M C K Q T Z W V I C
G A P A H R E R A H D Y W C L H O O A J
S Z H S G Y H R U X P B V W E H P I S M
B I U A G G A E G T R M A N R K X B B Y
A P D C D O N O U G H T I E R N E Y I I
L O F L K S U G J B G T Z C M V B Y O H
```

PLAYERS TO FIND

VICTOR LYTTLE, DONOUGH TIERNEY
CHARLES TEEHAN, JAMES G RYAN
JOHN HARPER, RAY CARROLL
JACK MONTEITH, ARTHUR CURTIS
LOUIS CROWE, ARCHIE O'LEARY

Answers on page 99

WORD SEARCH PUZZLES

IRISH RUGBY
ALL-TIME APPEARANCES

```
B C N U S O C R L T P V L S P J U K C O
Q M C B K I W W L V U I I D F B K W D W
F I V E G D S D I B O A I F J Y D T Z B
D C M V S R V Q L H R F Q F O M Q O X S
M K E V Y S E N U W V M C K H A M C I T
R M A C N E I Q R L L D L D N J N R R A
L A H D I D L H I X U Z D E Q I S W R T
O D X T Z L N J N M D F T N U G E G S K
J D N I V L F J J P P R F N I Y A E H J
S E Q K I M I A P O A U K I R X M M T R
D N R X D Y W E G C H P X S K N U H R H
X M C N P S L P C A V N T S E C S U S Y
R X A M A O E M I L N S D C R B B A H D
U U C D R F D K C L S W H O U H Y C H X
U J F Y M L R X B A G C D T O P R T K L
P K I V A B R Z D G N N O T F L N D F G
G B A N V W S U J H Q C X B W O E B V J
H K O R W I L L I A M T E C T O R Y K Z
H R G F V G F R A N C I S G I L P I N R
L X M T W Z V B P X O T V R R T D Q D O
```

PLAYERS TO FIND

SEAMUS BYRNE, WILLIAM TECTOR
MICK MADDEN, CECIL FAGAN
JOHN DOOLEY, RONALD MCCARTEN
DENNIS SCOTT, FRANCIS GILPIN
JOHN QUIRKE, MP O'CALLAGHAN

Answers on page 99

WORD SEARCH PUZZLES

IRISH RUGBY
ALL-TIME APPEARANCES

```
M C W K M X D I N Q X B K S Y O V I N U
A I B Y Z C K O N R G D T T C Q E Q N S
G G Y Y A N B U N C Y R H E Q T Z F D E
R K E W I C R I P Q G O O V N U K F H A
D B H W B H I O D L A L M E L D W W X G
Y Y M N G J A V X E P L A B I I J J G G
T R S K Q T N Q Y X G I S L C C J I V B
K I Q M T H O T A P V E D A Y K S M B R
H D D G S O B X I W S W O K I S T M M G
H I A S J M R F D K H A Y E K P P Y N D
P Q G R X A I R S Z I L L K Z R I B U U
A K L N E S E A M U S D E N N I S O N S
Z X Z M L M N N R P D R O O O N R W J X
O P D C G O B K F V P O T X E G H E Y O
F R Z R W R D W S P Q N E D F O B N T E
K R P L F O E I W H E L Z W J E V F N D
J M P X U N G L E Y Z Z Z B M D C L I M
R M I A V E S S N L D V G L I Y R L R H
O N X J G Y H O F W H C Y V U X V I N A
V I Q W J C O N F E I G H E R Y J C J S
```

PLAYERS TO FIND

THOMAS MORONEY, OLLIE WALDRON
BRIAN O'BRIEN, THOMAS DOYLE
CON FEIGHERY, SEAMUS DENNISON
STEVE BLAKE-KNOX, FRANK WILSON
JIMMY BOWEN, DICK SPRING

Answers on page 99

WORD SEARCH PUZZLES

IRISH RUGBY
ALL-TIME APPEARANCES

```
J G B J K J N A U J C A H R F J U H O Y
K F J E R R Y H O L L A N D P Z U S X J
P A P V G O N X P F I K I A X W C S Y K
E E D E N R A L D E R C P S L E K T U G
U U T Q E Y M X G X N I M G W H T F L V
J O H N J M U R P H Y B V U F J T X C T
S W W M D O I L E P L W N Z E S P U O Q
W F V S K R S Y Y C X I S L R Z K A T B
S F J B A O E E V S O L S H G S M D M A
G B R I A N W M C C A L L T U W S H A K
H E Y O F E Q Z E F K I M U S Y A K L E
N P R A Z Y A R K G M A U T D G L T Q V
D A U S X E C M Z O W M N M U W X O C I
C O T E F R H Z P T S J B K N C J O K N
O H T D H M G K C S M S D M L F K O I O
X R E W Z M Y I M S H E L K E L O E E B
I C Y P D K U P I J C X N E A D M K R R
F J E S F R K C I L Q T P E V Z R D I I
R O B E R T D M O R R O W V K G Y E N E
W O O Q J L E J F R A N C I S Q U I N N
```

PLAYERS TO FIND

COLM TUCKER, KEVIN O'BRIEN
FRANCIS QUINN, JOHN J MURPHY
JERRY HOLLAND, RORY MORONEY
WILLIAM J SEXTON, BRIAN W MCCALL
ROBERT D MORROW, FERGUS DUNLEA

Answers on page 100

PAGE 77

WORD SEARCH PUZZLES

IRISH RUGBY
ALL-TIME APPEARANCES

```
C N W M N V P W M J D Y X A I O E F N G
Q H P D C X D T M B Q V S X L R K O M X
T G R D Z H F C W G I R B G K C I W I P
J U P I K K I E R A N C A M P B E L L C
C V W N S T E P H E N M C I V O R K B L
J U B G L T H A L A I N R O L L A N D D
Q H Y Z A W I K U Z J L Q A D C N F S I
P H I L I P L A W L O R J D A D L L R S
V V Z X A J O H N M U L D O O N E Z Y V
T R H K V P O R I S W M C T A I W H P I
Y K E V I N N O W L A N B D C S I N V G
G E A L X Y K M V H L V U U X I S S V M
S G N I A L L M A L O N E Z P M Y U N S
H R A W S R E L D O L N F R K O X B P Y
T W M V L G G Q K G V R I J I N N T P G
J Q C P H I Q I H H G H J Y A M A B Q F
M F U Q B G X Q M G B A M U Q A U S Z V
D P D E D Z Y K C X X Q I I W S N T D B
O Z B J J S D C F H U N S G B O E X T A
C I C V R R E A S V X T D Y R N P D Z O
```

PLAYERS TO FIND

ALAIN ROLLAND, PHILIP LAWLOR
NIALL MALONE, CHRISTIAN SAVERIMUTTO
SIMON MASON, STEPHEN MCIVOR
KEVIN NOWLAN, KIERAN CAMPBELL
KIERAN LEWIS, JOHN MULDOON

Answers on page 100

WORD SEARCH PUZZLES

IRISH RUGBY
ALL-TIME APPEARANCES

```
S H N D I U Z Q M S D O V X Q Y R I L X
G K L M D G K M U H A Q B E E Q G R V E
Q D K J J M T V J A M E S C R O N I N J
R G I K V R R X H U I J X X H F J V Q K
Q G D A R R E N S W E E T N A M K H W D
V U V A B A J K B V N N Z F G M N T Z W
L H S V F A N V J E V C H Z L G R A X W
X F U A N W M S J P A K Y D N L O K L W
D Y Q Z P O E A F Z R O N N Y G R P Q W
R I C H A R D J B E L L T B L T Y W J M
Q X L L U B O V O A E K W Y G X S Q Q Z
H W Y E L R O D N E Y A H Y O U C W Q D
I M R R M J A C G O D I Q S P E A K S Y
M E D W A R D N M A C I L W A I N E O J
R O B E R T M M A G I N N I S S N Q K Y
C L L M S Z L H U G H C O X D F E A H Q
J C O A H X K D M F G J C U S B L S O Y
K I E R A N T R E A D W E L L O L Q H D
V O J K L N P M P T M G S G H K C N B I
M F B K L E M J M F O H L Q J G H A Q M
```

PLAYERS TO FIND

DAMIEN VARLEY, PAUL MARSHALL
RODNEY AH YOU, JAMES CRONIN
RORY SCANNELL, KIERAN TREADWELL
DARREN SWEETNAM, RICHARD J BELL
EDWARD N(ANGLE) MACILWAINE
ROBERT M(AUDE) MAGINNISS

Answers on page 101

PAGE 79

WORD SEARCH PUZZLES

IRISH RUGBY
ALL-TIME APPEARANCES

```
K J T Y X B L H D S J R M F Y B M F L M
I P Q M Z E G J A M E S I R E L A N D E
L Y Y W I L L I A M F I N L A Y C Q N U
T I Z I I V L C Y M I Z T A H F P E V C
I F N L S U X T U Q E L W A E T H A Z K
F T N L W Q B F G R Q S T S Y X B O H D
W T L I Z C Y K E F O E H O O C U G M A
I U K A K H F S O D I A D E N E U W P I
S A W M N P Z H R G I I H L R M M C X K
G Y P H G D W W G Q B H Q B U O O G K R
P G K E T J Y K E I N E C Z Y G N O R G
D H E N R Y G R A Y E D W A R D S T R X
W B H R T H O M A S B R O W N I E V E E
G R M Y H J F L N C X P V G S D B I N G
T O Z W U W S U D Q K Y B I O J H C O O
C W M I C H E N R Y D E A N S W A L S H
Z N I L S A B I E K K N Z R P I B P E B
H N R S R Y H K W T J F O E E P Y W L H
L H U O V K K G S W Y J T F I R X M H P
U L B N A H G S C V F J K S T X T E W G
```

PLAYERS TO FIND

GEORGE A ANDREWS, HENRY DEANS WALSH
HAMILTON MOORE, JAMES IRELAND
WILLIAM FINLAY, H BROWN
WILLIAM HENRY WILSON, HENRY GRAY EDWARDS
THOMAS BROWN, JAMES HERON

Answers on page 101

WORD SEARCH PUZZLES

IRISH RUGBY

PAGE 1
TRY SCORERS

PAGE 2
POINTS SCORERS

PAGE 3
APPEARANCES AS CAPTAIN

PAGE 4
YOUNGEST EVER CAPPED

WORD SEARCH PUZZLES

FIND THE PLAYERS

PAGE 5
OLDEST EVER CAPPED

PAGE 6
APPEARANCES

PAGE 7
APPEARANCES

PAGE 8
APPEARANCES

WORD SEARCH PUZZLES

FIND THE PLAYERS
ALL-TIME APPEARANCES

PAGE 9

PAGE 10

PAGE 11

PAGE 12

PAGE 83

WORD SEARCH PUZZLES

FIND THE PLAYERS
ALL-TIME APPEARANCES

PAGE 13

PAGE 14

PAGE 15

PAGE 16

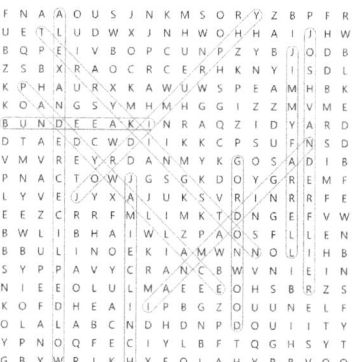

WORD SEARCH PUZZLES

FIND THE PLAYERS
ALL-TIME APPEARANCES

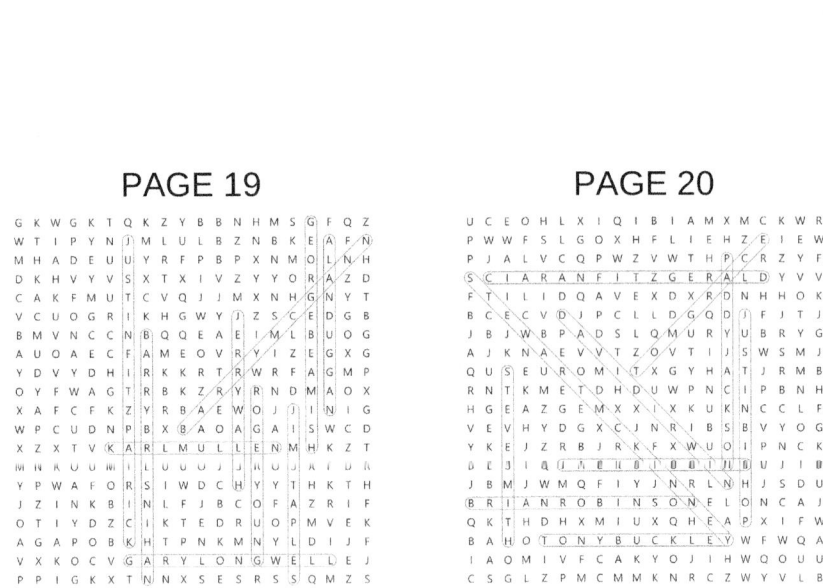

PAGE 85

WORD SEARCH PUZZLES

FIND THE PLAYERS
ALL-TIME APPEARANCES

PAGE 21

PAGE 22

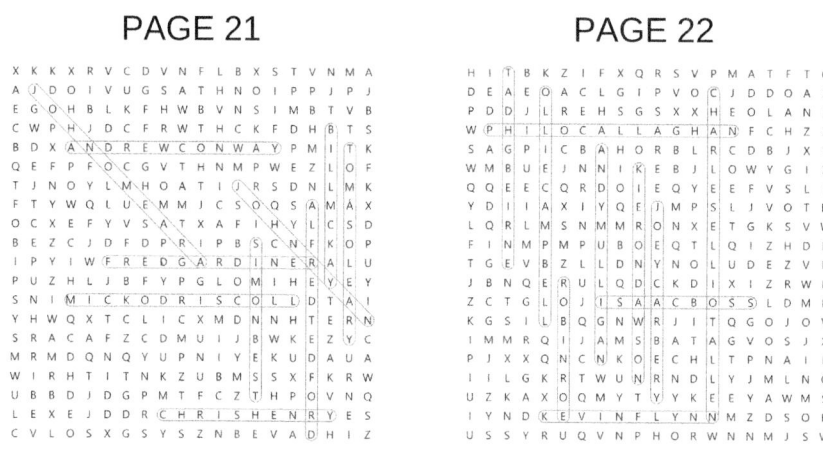

PAGE 23

PAGE 24

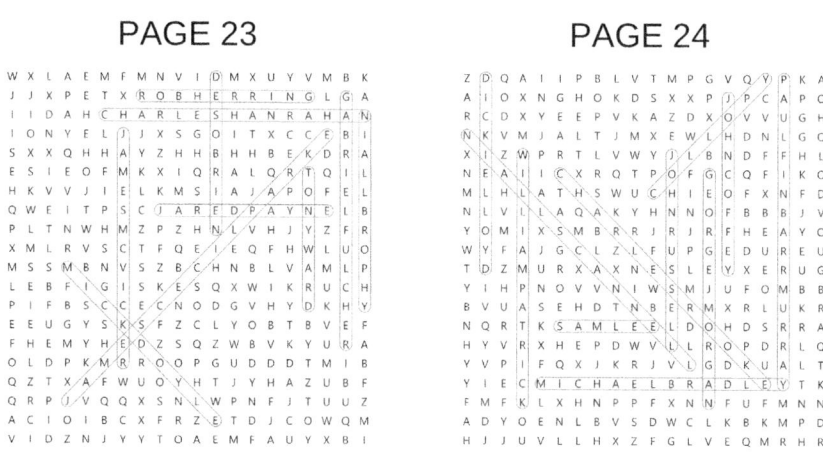

WORD SEARCH PUZZLES

FIND THE PLAYERS
ALL-TIME APPEARANCES

PAGE 25

PAGE 26

PAGE 27

PAGE 28

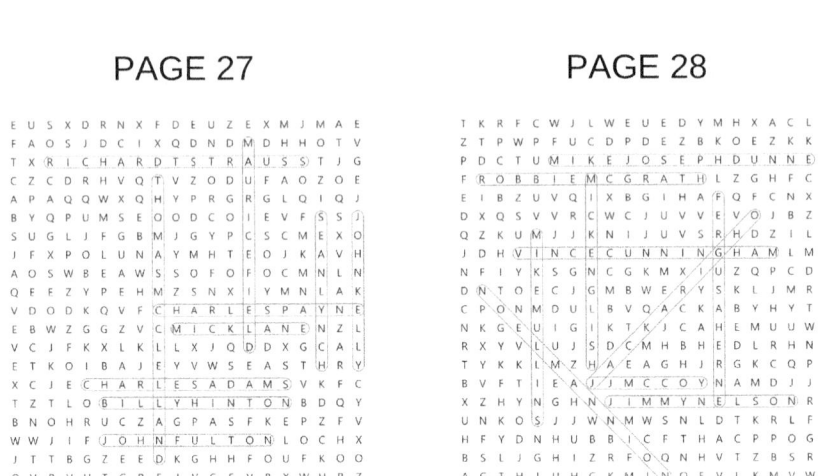

PAGE 87

WORD SEARCH PUZZLES

FIND THE PLAYERS
ALL-TIME APPEARANCES

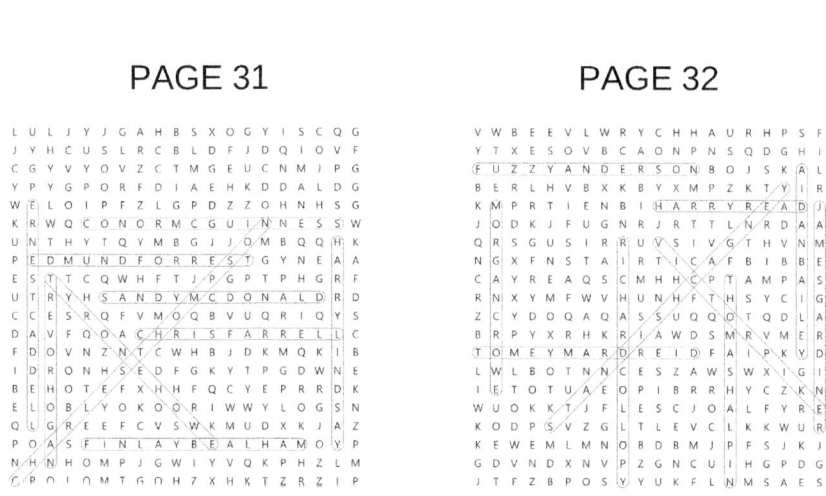

PAGE 88

WORD SEARCH PUZZLES

FIND THE PLAYERS
ALL-TIME APPEARANCES

PAGE 33

PAGE 34

PAGE 35

PAGE 36

PAGE 89

WORD SEARCH PUZZLES

FIND THE PLAYERS
ALL-TIME APPEARANCES

PAGE 37

PAGE 38

PAGE 39

PAGE 40

WORD SEARCH PUZZLES

FIND THE PLAYERS
ALL-TIME APPEARANCES

PAGE 41

PAGE 42

PAGE 43

PAGE 44

PAGE 91

WORD SEARCH PUZZLES

FIND THE PLAYERS
ALL-TIME APPEARANCES

PAGE 45

PAGE 46

PAGE 47

PAGE 48

PAGE 92

WORD SEARCH PUZZLES

FIND THE PLAYERS
ALL-TIME APPEARANCES

PAGE 49

PAGE 50

PAGE 51

PAGE 52

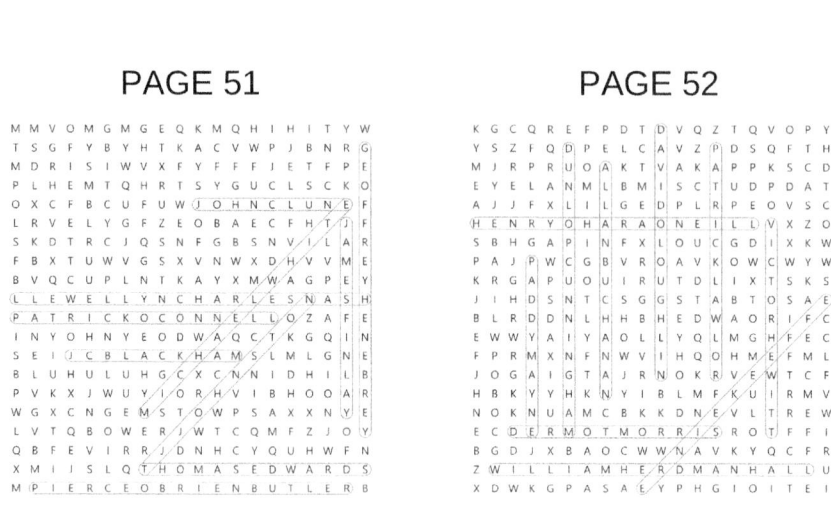

PAGE 93

WORD SEARCH PUZZLES

FIND THE PLAYERS
ALL-TIME APPEARANCES

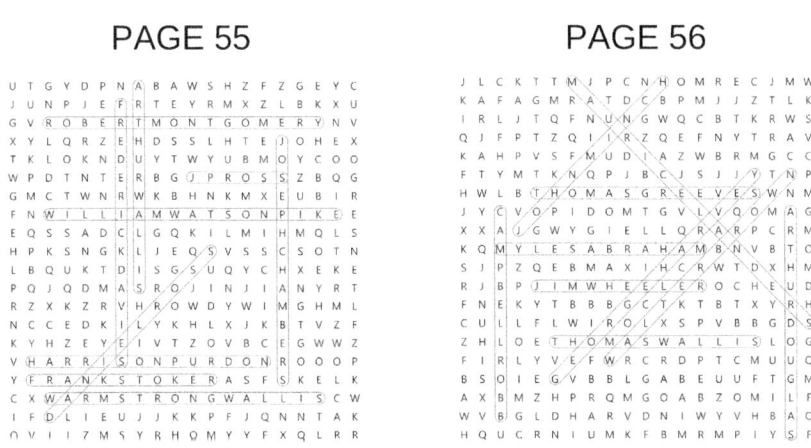

PAGE 53

PAGE 54

PAGE 55

PAGE 56

PAGE 94

WORD SEARCH PUZZLES

FIND THE PLAYERS
ALL-TIME APPEARANCES

PAGE 57

```
T C W A G B F M C J M Q I F H E S U G R
F E A S G H N T K P B X M D C T W C R P
H I V V K I A W H P P Q D B P P C E T Z
O L B N I P D F C O H P S C Q C J X I E
I R O W L A N D B Y E R S Y H O G Q M V
Z E D W A R D D E V E R E H U N T K T L
N R M Q R J S B W H G I N U G M E U U T
H N Z O M R S H T X W U T X H U Y F N X
K E V I N Q U I N N V S R P M R X Q G K
O S N Q Z R W N T L W T O Z C P W H T V
F T T V O Y E X A V P Z M V H C E V R
T R D X A E B H G J A H A E I Y R O A O
Z I W H K E U R L K P Q E B C N H I S X
X D G S J O U X M M O R D S K I H O L N
G G E O R G E P H I P P S U E R W B S N
O E K D F V S Y R O B I N P R A T T I H
J W S I N C L A I R I R W I N U H I E K
B A M S I D T G W H W M C U C X G A F A
V Y A J U G Q V S U L O Z G G D F I Z N
X Y H S C G T T Y W L A T C H J J R R L
```

PAGE 58

```
U Y X D U N Q X V Z Z P N B O V F Z U M
I V F I E Y K O J E X J D J U W C M N F
N O N E T O Q E N P F F S H Y Y S P Y V
C B O Q B Q L D G S T T L O Z T I B O Q
I F B T Y S R W K V D N N R C L A W S D
D C M X U W M T B I L L M C C O M B E D
I F Q R A I N X A R U R I Y O G S L A P
F F U L N S L Y L O N W I G X E M H M R
Y N N F F L M F E G F L G F U R E A U O
N T M E Q H Z S U E M E T O U A Q R S B
P T W F K K B N G R D T A P F R C R K E
M G D G Z D V B G C F Y V P J D W Y E R
S T A I A N M C I L R A T H S R Y M L T
K N Q J B S T E V E N S O N R E J I L S
A J T M G G A X G J M M D K I E L Y C
S A X P I V N T R G Q Z L P I D T L F O
L V P C O K C G U M M X P B I Y Y A P T
I A T D C P P A X A T A Y E E M A R P T
C R H Y I X R V V I Q D Q H B W G I Z B
I F Z C Q K J G W I I K O L G G H K S V
```

PAGE 59

```
Y Y Z A B T Y K M J P W C Q P S Q M Y H
B F Z X V D J O K T S M E G B U H Z P M
G W U R K E P O U H T R I O X Y F S Y B
B Y K K R C I A R A N C L A R K E T X K
Q A W H T B Z S T K G O H P S J P B U C
J X H H W C I X M N O W E M D X N D U Y
N L L D D X G P C F O Y N D J J S O I I
P O J A E Z C I Q E T Z R W N K W M Y D
Q C Y V R K C Q U J E C Y I C T X I Y Z
N V F E E N W O I O N R L Q I R M N B S
E I P H K P A U L M C C A R T H Y I V N
H L H E M G R G K K G R W A O E H C V A
I S F F C I C O I C O G R U T Z C W D
J E T F G E B L N R C N E K Z W Q R E H
W R J E R E M Y S T A U N T O N B O B V
M T A R A Z A N H K S A C E N M R T J H
W M G N T K F J I F E E F L L K T V S
O S S A H D K K J E T C Q U B Z Y X A
M E H N W K R O D N E Y O D O N N E L L
J L Q V L E N V T O B W X P A Q U U N Y
```

PAGE 60

```
S F D X A B A G M G C B Z S R J C M A C
V V X D A V I D F R A N C I S M O O R E
W B E A F R E D E R I C K M O O R E H V
H X O N G F F K T T V K G H G H Z E U
Y A K I A B G K G X X I H W V A T F Y O
R O B E R T N E L S O N S V D V T I Y Q
G B T L H E N R Y B R O W N M O R E L L
U O N R X R G C H A R L E S T I L L I E
G H K A H W H W Z I M P K M Z O M B I S
H I Z M F S M K U F R Q L I K L P P P M
V R S B K Z V K V A N D H M G S G U P I
H B J A M E S M C L A U G H L I N P X W
C C F U N Z C L Z W J Z A G Q A W J D U
X Y G T N T L K S B P V H I O W X U P I
U I E R N E S T H E N R Y G R E E N E L
S O H X W M G M Q T T Z E H S Z Q P J V
U X N X D P B L D I W K N P U I F J Y P
G E A L I S T A I R M C D O N N E L L F
L M V C I E G E Y D A Z Z N N E K S W B
C E U I F J J Y N P R Z C R O L R B H X
```

PAGE 95

WORD SEARCH PUZZLES

FIND THE PLAYERS
ALL-TIME APPEARANCES

PAGE 61

PAGE 62

PAGE 63

PAGE 64

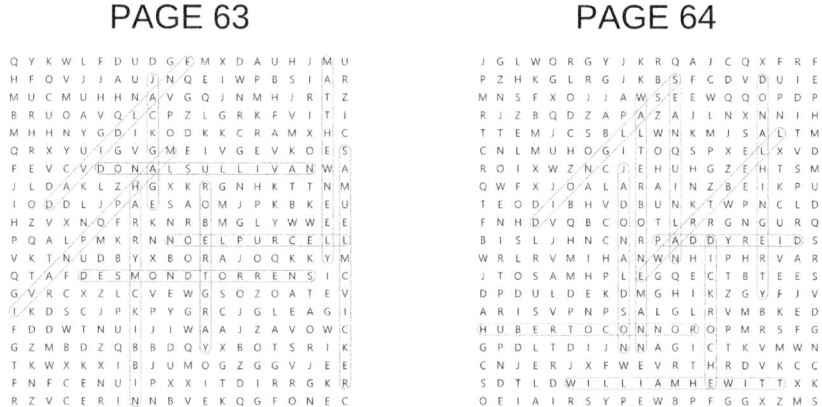

PAGE 96

WORD SEARCH PUZZLES

FIND THE PLAYERS
ALL-TIME APPEARANCES

PAGE 65

PAGE 66

PAGE 67

PAGE 68

PAGE 97

WORD SEARCH PUZZLES

FIND THE PLAYERS
ALL-TIME APPEARANCES

PAGE 69

PAGE 70

PAGE 71

PAGE 72

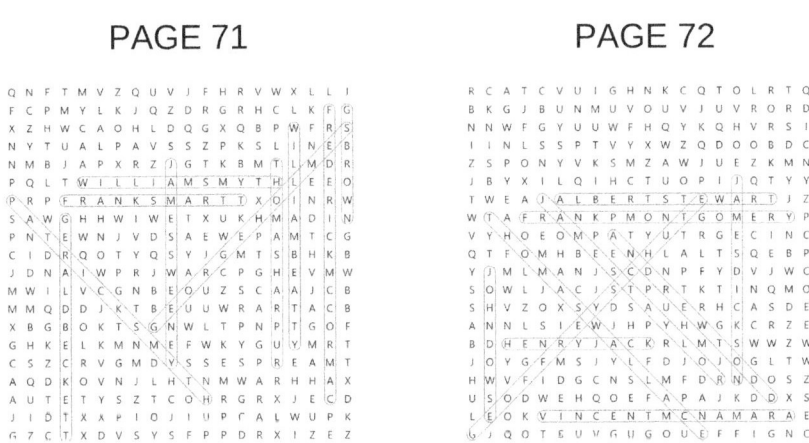

PAGE 98

WORD SEARCH PUZZLES

FIND THE PLAYERS
ALL-TIME APPEARANCES

PAGE 73

PAGE 74

PAGE 75

PAGE 76

PAGE 99

WORD SEARCH PUZZLES

FIND THE PLAYERS
ALL-TIME APPEARANCES

PAGE 77

```
J G B J K J N A U J C A H R F J U H O Y
K F J E R R Y H O L L A N D P Z U S X J
P A P V G O N X P F I K I A X W C S Y K
E E D E N R A L D E R C P S L E K T U G
U U T Q E Y M X G X N I M G W H T F L V
J O H N J M U R P H Y B V U F J T X C T
S W W M D O I L E P L W N Z E S P U O Q
W F V S K R S Y Y C X I S L R Z K A T B
S F J B A O E E V S O L S H G S M D M A
G B R I A N W M C C A L L T U W S H A K
H E Y O F E Q Z E F K I M U S Y A K L E
N P R A Z Y A R K G M A U T D G L T Q V
D A U S X E C M Z O W M N M U W X O C I
C O T E F R H Z P T S J B K C J O K N
O H T D H M G C C K S M S D M L F K O I O
X R E W Z M Y I M S H E L K E L O E B
I C Y P D K U P I J C X N E A D M K R R
F J E S F R K C I L Q T P E V Z R D I I
R O B E R T D M O R R O W V K G Y E N E
W O O Q J L E J F R A N C I S Q U I N N
```

PAGE 78

PAGE 79

PAGE 80

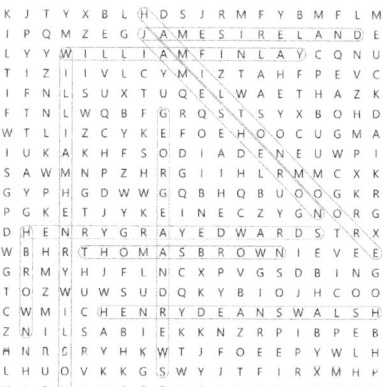

Printed in Great Britain
by Amazon